Anne Huth

Gesprächskultur im Team

klein&groß PraxisExpress

Beltz Verlag · Weinheim und Basel

BELTZ

Ihre Wünsche, Kritiken und Fragen richten Sie bitte an:
Verlagsgruppe Beltz, Verlagsbereich Frühpädagogik,
Werderstraße 10, 69469 Weinheim
oder: Anne Huth, Stormstraße 10, 41469 Neuss, www.huth-and-friends.de

ISBN 3-407-56325-6

1. Auflage 2006

06 07 08 09 10 5 4 3 2 1

Verlagsbereichsleitung: Ulrike Bazlen, Weinheim
Lektorat: Eva Kllmann von Unruh, München
Herstellung: Uta Euler, Weinheim
Layout: Ulrike Bazlen, Weinheim, Anja Kuhne, Leipzig, Markus Schmitz, Büro für typographische Dienstleistungen, Münster
Satz: Druckhaus „Thomas Müntzer", Bad Langensalza
Druck und Bindung: Druckpartner Rübelmann GmbH, Hemsbach
Umschlaggestaltung: glas ag, Seeheim-Jugenheim
Titelabbildung und Illustrationen: Florian Mitgutsch, München
Printed in Germany

Weitere Informationen finden Sie im Internet unter
www.beltz.de und www.kleinundgross.de

Anne Huth

Gesprächskultur im Team

Inhalt

Vorwort

Die Arbeit von Erzieherinnen findet in vergleichsweise kleinen Teams mit sehr wenigen männlichen Kollegen statt. Die menschliche Nähe in diesen Teams ist hoch und häufig besteht ein enger Zusammenhalt unter den Teammitgliedern. Dieser wirkt entlastend in Stresssituationen und ist fachlich fruchtbar.

Ein Team kann jedoch auch Entstehungs- und Austragungsort für Konflikte sein. Als ich meine ersten Teamsupervisionen in Kindertageseinrichtungen gab, war ich überrascht, wie intensiv dieses Konfliktgeschehen sein kann. Mit großer Dynamik hatten sich Unzufriedenheiten so lange aufgestaut, dass die Beteiligten teilweise bereit waren, Kränkungen bei ihren Kolleginnen zu verursachen und das daraus resultierende Leid hinzunehmen.

In diesem Buch wird das Team in den Mittelpunkt gerückt: Hier steht es zu selten, denn oft werden Erzieherinnen lediglich in der Rolle des Dienstleisters an Kind und Eltern wahrgenommen. Sie haben in den Einrichtungen häufig wenig Raum für sich und kämpfen mit kleinen Budgets. Gesprächskultur ist ein Thema, das in der Ausbildung oft zu kurz kommt; die Konsequenzen sind Tag für Tag in der großen Scheu vor Auseinandersetzungen zu erleben. Existiert eine funktionale Gesprächskultur wirkt sich das besonders auf schwierige Gesprächssituationen aus. Auf einer gesunden Basis sind auch Meinungsverschiedenheiten gut zu besprechen. Dieses Buch soll Mut machen, Ideen liefern und Hintergründe erläutern. Es ist nah am Arbeitsalltag entstanden – aus meinen Erfahrungen als Arbeitspsychologin in Kindertagseinrichtungen.

Ich wünsche meinen Lesern eine spannende Entdeckungsreise durch die Gesprächskultur im Team!

Anne Huth
Neuss, im März 2006

Einleitung

Einen Großteil des Lebens verbringen Menschen an ihrem Arbeitsplatz: bis zu 80.000 Stunden. Diese Zeit erleben Erzieherinnen in Teamsituationen – und genau davon, von der **Gesprächskultur im Team,** handelt dieses Buch. Es schildert neben allgemeinen Phänomenen von Gruppen die Besonderheiten von Teams in Kindertageseinrichtungen, denn hier existiert eine ganz eigene Konflikt- und Kommunikationskultur.

Zum **Einstieg** wird eine wahre Begebenheit aus einer Kindertageseinrichtung in Form eines **Fallbeispiels** bzw. eines **Interviews** vorgestellt. Dann folgt eine **Analyse** der beschriebenen Situation. Unter Einbeziehung von **arbeitspsychologischen** Erkenntnissen werden verschiedene Aspekte der Gesprächskultur beleuchtet. Es finden sich typische Gesprächs- und Konfliktsituationen, aber auch Sonderfälle und interessante **Hintergrundinformationen,** die das Verstehen von gruppen- bzw. teamdynamischen Phänomenen erleichtern. Zu jedem Thema gibt es eine **Checkliste,** in der alle wichtigen Punkte in kurzer und präziser Form zusammengefasst sind und die die Vorbereitung auf ähnliche Situationen befördert. **Selbsttests** und **Aufforderungen zur Reflexion** erleichtern ein Gelingen des Transfers.

Die ersten drei Kapitel behandeln die Themen Teamarbeit, Besonderheiten in Kindertageseinrichtungen und Konfliktkultur. Diese bilden die Basis für das Verständnis vieler gruppendynamischer Phänomene in Teams. Ist dieses Grundlagenwissen erst einmal erreicht, ist es anschließend gut möglich, nach Herzenslust durch das Buch zu springen und sich die Themen herauszusuchen, die für die momentane Arbeitssituation die größte Relevanz haben.

Arbeit in Teams

Erzieherinnen arbeiten mit anderen Menschen zusammen, sind auf diese und die gemeinsame Kommunikation angewiesen. In allen Teams treffen unterschiedliche Charaktere zusammen; das kann bereichernd sein, aber auch zu Konflikten führen: Auf der einen Seite können Teammitglieder sich bei der Bewältigung von Herausforderungen gegenseitig unterstützen, andererseits haben Menschen in Teams nicht immer dieselben Ziele. Nach gemeinsam erfolgreich umschifften Schwierigkeiten fühlen sich Teams oftmals noch stärker miteinander verbunden. In der Rückschau fällt auf, wie groß die Veränderungen sind, die das Team miteinander durchlebt hat und was schon alles gemeinsam geschafft worden ist.

Teams sind immer dann erfolgreich, wenn sie gemeinsame Ziele haben und davon überzeugt sind, diese in Kooperation besser erreichen zu können als alleine. Dabei muss es Absprachen geben, die das Miteinander regeln und verschiedene Rollen, die die einzelnen Teammitglieder einnehmen. Großen Einfluss auf den Erfolg von Teams hat die Gesprächskultur. Welche Themen in welchem Ausmaß besprochen werden ist ebenso wichtig wie der Umgang mit Konflikten.

In allen Arbeitsgruppen gibt es Phänomene wie Neid, Unstimmigkeiten und Antipathien. Viele Menschen sagen von sich, dass es in ihrem Kollegenkreis sogenannte „schwierige Mitmenschen" gibt. Die Zusammenarbeit führt zu Problemen, die das Wohlbefinden und die Leistung beeinträchtigen. In schlimmeren Fällen führt dies nicht nur zu Verstimmung, sondern zu Ärger, Wut, Rivalität, Intrigen und Verzweiflung – bis hin zur Angst davor, überhaupt zur Arbeit zu gehen. Eine Supervisionsteilnehmerin äußerte hierzu einen typischen Satz: „Wenn ich den Gesichtsaudruck sehe, mit der die Person morgens in die Einrichtung kommt, habe ich schon genug."

Wenn sich Konflikte ausweiten, wird Kommunikation ineffektiv. Wichtige Informationen werden nicht mehr weitergegeben und es kommt zu Fehlern. Doch nicht nur die Qualität der Arbeit leidet, sondern auch die Gesundheit der Betroffenen: 13,5 Millionen Arbeitnehmer klagen über ein schlechtes Betriebsklima. Die Hälfte davon fühlt sich dadurch krank. Typische Symptome sind Stress, nervliche Anspannung, Erschöpfung, Schlaflosigkeit, Magenschmerzen, Kopf- und Rückenschmerzen.

Kollegialer Zusammenhalt dagegen kann eine große Bereicherung sein, zu einer Qualitätssteigerung in der Arbeit führen und selbst die Lebensqualität erhöhen. Kein Team wird völlig ohne Konflikte miteinander arbeiten können. Konflikte sind ein natürliches Phänomen in Gruppen. Entscheidend ist der erfolgreiche Umgang mit Unzufriedenheit und Kritik. Sich nicht zu überlasten und für die Faktoren zu sorgen, die ein optimales Arbeiten bedingen, sind Erfolgsstrategien für jedes Team.

Teampflege

Das funktionierende Team ist die Basis für qualitativ hochwertige Arbeit mit den Kindern. Um diese leisten zu können und als Team funktional zu bleiben, ist ein gewisses Maß an teambezogenen Aktivitäten notwendig: die „Teampflege". Auch wenn dies manchmal auf Unverständnis stößt: Das Team braucht Raum für sich. Dies ist sowohl wörtlich als auch im übertragenen Sinne gemeint. Wörtlich insofern, als es in vielen Einrichtungen keine (geeigneten) Räumlichkeiten als Rückzugsmöglichkeit gibt. Dies ist nicht nur in Kindertageseinrichtungen der Fall, in vielen Arbeitsfeldern sind Pausenräume für Mitarbeiter trostlose, zum Teil sogar fensterlose Kammern.

Interview

A. H.: Kindertageseinrichtungen sind ein verhältnismäßig lauter Arbeitsplatz. Viele Eindrücke stürmen auf die Erzieherinnen ein, die Kinder sind lebhaft und fordern stets die volle Aufmerksamkeit. Wie gut gelingt es Ihnen, sich während der Pausen zu erholen?

Elke F. (Erzieherin): Ich gehe dann mit Kolleginnen in die Küche, die Tür zum Flur steht meist auf, von Ruhe kann nicht die Rede sein, insbesondere, wenn die Spülmaschine läuft. Meist gibt es nicht für alle einen Sitzplatz, aber es fehlt ohnehin die Atmosphäre, um wirklich entspannt eine Pause machen zu können. Einen Raum für das Team gibt es bei uns nicht, das Gebäude ist alt und wir haben ja auch nur zwei Gruppen. Manchmal sind wir so müde, dass wir gar keine Energie haben in unseren Pausen noch groß miteinander zu reden.

Das Team einer zweiten Einrichtung ist hier schon einen ganzen Schritt weitergekommen:

Interview ?!

A. H.: Wenn man in Ihre Einrichtung kommt, hat man das Gefühl, dem Team geht es gut. War das schon immer so?

Ulrike Z. (Leitung): Dafür haben wir eine Menge getan. Es gab vor anderthalb Jahren bei uns einen Tiefpunkt. Konflikte häuften sich, die Arbeitsfreude ging verloren und einige fühlten sich richtig ausgebrannt.

A.H.: Was haben Sie dagegen unternommen?

Ulrike Z.: Im Prinzip haben wir uns erlaubt, darüber nachzudenken, was wir brauchen. Vorher haben wir immer nur überlegt, wie wir unser Angebot noch attraktiver gestalten können. Das ist uns natürlich noch immer wichtig, aber außerdem achten wir jetzt stärker darauf, wie es untereinander läuft. Wir planen in jeder Teambesprechung feste Zeiten für Teamthemen ein, einmal im Vierteljahr machen wir etwas Schönes miteinander; das kann ein Ausflug sein, ein gemeinsames Essen oder das Feiern von Erfolgen. Wir sind dem Förderverein gegenüber selbstbewusster geworden; wenn Geld zur Verfügung steht, bekommen wir einen Teil für Fortbildungen oder andere Dinge, die wichtig für das Team sind. Das ist gar nicht egoistisch, die Kinder profitieren von Erzieherinnen, denen es gut geht. Viele in unserem Berufsstand stellen nie Forderungen für sich selbst. Wir geben immer nur, das hat aber keinen Sinn; so brennt man aus und das wollten wir für uns nicht.

Geben Sie Ihrem Team eine Note für die Teampflege. Wie gut sind Sie bereits? Für die Note „sehr gut“ sollten Sie mindestens fünf Strategien zur Teampflege regelmäßig anwenden, für die Note „gut“ vier Strategien und für die Note „befriedigend“ sollten Ihnen drei Maßnahmen einfallen, die in Ihrem Hause zur Teampflege dienen und regelmäßig angewendet werden. Sollte die Note schlechter als „befriedigend“ ausgefallen sein, sprechen Sie dies im Kollegenkreis an.

Arbeitspsychologischer Hintergrund

Entscheidend ist nicht, was genau das jeweilige Team unternimmt, damit es ihm gut geht. Wichtig sind die innere Bereitschaft und die Einsicht, dass Teampflege wichtig und angemessen ist. Jedes Team wird den Weg finden, der ihm entspricht und die eigenen Bedürfnisse befriedigt. Stimmt die Basis, lassen sich alle Anforderungen und Probleme im Arbeitsalltag viel leichter bewältigen.

Elke F., die Erzieherin im Interview, hat berichtet, dass sie und ihre Kolleginnen aufgrund der fehlenden Rückzugsmöglichkeit zeitweise so erschöpft sind, dass ihnen die Energie fehlt, noch im Team miteinander zu reden. Dies ist ein ernstzunehmender Warnhinweis. Existiert in einer Einrichtung eine Kultur, die zu chronischer Überlastung des Teams führt, ist es nur eine Frage der Zeit, wann sich krankheitsbedingte Ausfälle häufen und sowohl Stimmung als auch Leistung rapide abnehmen. Ob es sich um simple Pausengespräche unter Kolleginnen handelt, die zur Entspannung dienen und die weitere Leistungsfähigkeit sicherstellen, oder ob Dinge sachlicher Natur zu klären sind: Gespräche sind unverzichtbar.

In vielen Einrichtungen steht die Teampflege mit zu geringer Priorität auf der Tagesordnung. Es fehlt sowohl an Zeit als auch an finanziellen Ressourcen, um die Basis für eine funktionierende Zusammenarbeit im Team sicherzustellen. Absprachen müssen getroffen werden, Ziele gesetzt und Schritte zur Zielerreichung geplant werden. Unterschiedliche Charaktere treffen aufeinander und sollen sich aufeinander einstellen. Unterschiedliche Ansichten und Vorlieben führen zu Konflikten bezüglich der Zusammenarbeit. Auch während der regulären Teamsitzungen drängt oft die Zeit. Es gilt viele (Sach)themen zu klären. So müssen im Alltag Teamthemen oft organisatorischen Fragen weichen. Werden die Teamthemen jedoch verschleppt, besteht die Gefahr der Eskalation. Auch Fortbildungen, um neue Impulse zu gewinnen, oder das Feiern erfolgreich bewältigter Anforderungen – beides unverzichtbare Kraftquellen – werden aus falscher Bescheidenheit oder echtem Geldmangel nicht ausreichend genutzt.

Was müssen wir für uns selbst tun, um weiterhin gute Arbeit leisten zu können?

Es geht also nicht nur darum, wie ein Team miteinander sprechen sollte, sondern auch, ob der dafür notwendige Rahmen gegeben ist. Sich selbst und die eigenen Bedürfnisse ernst zu nehmen bildet die Basis für eine hohe Arbeitszufriedenheit und damit für gute kollegiale Beziehungen und eine gesunde Teamkultur.

Checkliste

- **Das gut versorgte Team als Basis:** Prüfen, was das Team benötigt, um weiterhin gut arbeiten zu können.
- **Rückzugsmöglichkeiten schaffen:** Um Pausen optimal nutzen zu können und Erschöpfung vorzubeugen, den Teamraum so angenehm wie möglich gestalten.

- **Teamräume einplanen:** Ist ein Team in der glücklichen Lage, einen Neubau beziehen zu können, bereits bei der Planung auf die Bedürfnisse des Teams achten.
- **Zeitplanung beachten:** Damit teamrelevante Themen besprochen werden können, Zeit dafür reservieren = Teamtime.
- **Teamtime nicht den Sachthemen opfern:** Teamtime ist heilig und darf nicht wegen Sachthemen gestrichen werden.
- **Kraftquellen sichern:** Gemeinsames Feiern von Erfolgen, gemeinsame Aktionen (Fortbildungen, Ausflüge, Feiern) einplanen, insbesondere nach Zeiten großer Belastung.
- **Ressourcen einfordern:** Keine falsche Bescheidenheit. Notwendige Ressourcen für Fortbildung, Rückzugsmöglichkeiten und Konzeptionstage einfordern und nicht darauf warten, dass sie dem Team angeboten werden.
- **Qualitätsaspekte betonen:** Wird um Ressourcen für das Team verhandelt, ob mit dem Träger oder Förderverein, ist der Hinweis auf den Qualitätsgewinn für die Einrichtung hilfreich.

Was kann das Team leisten?

Erzieherinnen sind sehr leistungs- und qualitätsbewusst. Sie haben eine Menge kreativer Ideen und versuchen, die Wünsche der Eltern möglichst gut umzusetzen: eine kundenorientierte, professionelle Einstellung. Doch eine Gefahr liegt in der potenziellen Überforderung durch zu zahlreiche Sonderaktionen. Fehlt ein gesundes Selbstbewusstsein, wächst das Risiko, es allen recht machen zu wollen und sich mehr aufzubürden als sinnvoll ist. Hohe Verpflichtung zur Kundenzufriedenheit oder die Begeisterung für interessante Aktionen können die Quelle der Überlastung sein. Kraft und Aktivitätenliste sollten daher stets aufeinander abgestimmt sein.

Fallbeispiel

Das Team einer zweigruppigen, konfessionellen Einrichtung klagt in der Supervision über Erschöpfung. Alle fühlen sich müde und antriebslos. Die Teammitglieder zählen auf, was im letzen Vierteljahr neben der regulären Arbeit geleistet wurde: ein Großelternnachmittag, die Vorbereitung und Durchführung der Kinderbibelwoche und die Vorbereitung der Entwicklungsgespräche. Mitten in dieser Zeit fiel dann auch noch eine Kollegin wegen Krankheit für anderthalb Wochen aus. Zum Schluss wurde das gemeinsame Essen, auf das sich jeder gefreut hatte, verschoben, denn alle hatten das Gefühl, eine „Überdosis" Kita intus zu haben.

Analyse

Es ist nicht verwunderlich, dass das Team den Eindruck hat, die Kraftreserven seien erschöpft. Eigener hoher Anspruch und Erwartungen von Seiten der Gemeinde und Elternschaft haben dazu geführt, dass sich das Team zuviel vorgenommen hatte. Die personellen Ressourcen waren zu einhundert Prozent gebunden; als durch Krankheit eine Kollegin ausfiel, fehlte der Puffer. Eine durch Leistungsbereitschaft geprägte Teamkultur kann nur funktionieren, wenn das Team seine Kraftressourcen mit in die Planung einbezieht.

Kennen Sie aus Ihrem Arbeitsleben diese Phasen der Erschöpfung? Was würden Sie dem Team für praktische Tipps geben, wenn es nun um die Planung der zweiten Jahreshälfte geht? Wenn Ihr Team auch zur „selbst gemachten" Überlastung neigt, sprechen Sie das Thema an und entwickeln Sie Strategien, die kundenorientiertes Handeln und Kraftmanagement miteinander vereinen! Überprüfen Sie sich persönlich, aber auch als Teammitglied auf Ihre Neigung zur Perfektion. Überlegen Sie, in welchen Situationen tatsächlich eine hundertprozentige Leistung unverzichtbar ist, und wo es nichts ausmacht, wenn Sie es bei 80 Prozent belassen.

Arbeitspsychologischer Hintergrund

Teammitglieder können sich gegenseitig motivieren und mitreißen. Hoher eigener Qualitätsanspruch, aber auch sinkende Kinderzahlen und drohende Einrichtungsschließungen führen dazu, dass Teams sich bemühen, ein optimales Angebot zu gewährleisten. Häufig wetteifern die Erzieherinnen um neue Ideen und interessante Projekte. Leistungsbereitschaft ist heutzutage unverzichtbar. Wenn die Teamarbeit gut funktioniert, lässt sich viel bewegen und erreichen. In Arbeitsgruppen kann jedoch auch eine Dynamik entstehen, die sich in letzter Konsequenz eher leistungsmindernd auswirkt.

Wer zu lange Kraft investiert, ohne darauf zu achten, die Kraftreserven auch wieder aufzufüllen, dem droht die Gefahr der Erschöpfung. Müde Menschen machen bei der Arbeit mehr Fehler und brauchen bis zu 500 Prozent länger für Problemlösungen. Erschöpfung ist also hochgradig unwirtschaftlich. Bei zu hoher Stressbelastung steigt das Risiko für Krankheiten, und je kleiner die Teams sind, desto weniger sind Ausfälle von Mitarbeitern zu verkraften.

Alle Teams tun gut daran, sensibel mit dem Thema der Kraftverteilung umzugehen; zu hoch ist ansonsten das Risiko, durch den Aktionismus des Alltags die wirklichen Prioritäten aus den Augen zu verlieren. Sinnvoll ist es, Ideen zu sammeln bezüglich der Dinge, die man tun könnte, diese in einem zweiten Schritt in eine Rangfolge zu bringen, und dann zu entscheiden, welche Punkte in welchem Ausmaß umgesetzt werden. Hierbei ist es wichtig, darauf zu achten, dass keine Zeit durch unnötigen Perfektionismus verschwendet wird. Durch den hohen Anspruch, alles hundertprozentig machen zu wollen, verlieren sich viele Menschen in unwichtigen Details.

Besonders Teams, die dazu neigen, sich zu viel vorzunehmen, können unnötigen Stress vermeiden, indem sie ihre Leistungskultur auf den Prüfstand stellen und eine Überlastung schon im Vorfeld so gut wie möglich vermeiden.

Checkliste

- **Motivationssteigerung durch Zusammenarbeit nutzen:** Ideenaustausch und gegenseitiger Ansporn machen hohe Leistungen möglich.
- **Übermaß kontrollieren:** Teamgröße und Aufgabenumfang müssen in sinnvollem Verhältnis zueinander stehen.
- **Perfektionismus vermeiden:** Hier können Kollegen gegenseitig aufeinander „aufpassen".
- **Puffer einbauen:** Alle Aktionen müssen im Notfall auch dann noch durchführbar sein, wenn ein Teammitglied durch Krankheit ausfällt.
- **Realistisches Selbstbild entwickeln:** Besonders leistungsorientierte Teams neigen zur Selbstausbeutung – auch auf das schauen, was bereits geleistet wurde.
- **Erschöpfung vermeiden:** Sie ist unwirtschaftlich und ungesund.
- **Prioritäten setzen:** Oft ist weniger mehr…
- **Nein sagen lernen:** Zu übergroßen Erwartungen von anderen, aber auch von sich selbst.

Teams in Kindertageseinrichtungen und ihre Besonderheiten

Teams in Kindertageseinrichtungen sind vergleichsweise klein und arbeiten eng zusammen, oft über lange Zeit mit wenig Fluktuation. Die Hierarchien sind flach, Macht wird eher verdeckt als offen ausgelebt. Sowohl räumlich als auch sozial herrscht eine große Nähe. Durch den niedrigen Männeranteil sind die Teams durch das weibliche Harmoniebedürfnis geprägt. Wenn es zum Konflikt kommt, dann spät und umso heftiger als in stärker geschlechtlich gemischten Teams. Es herrscht eine vergleichsweise hohe Emotionalität und ein hohes persönliches Engagement. Gleichzeitig treten die Mitarbeiterinnen eher bescheiden und wenig fordernd auf, was zum Teil auch an dem leider noch schwachen beruflichen Image liegen mag.

Diese Faktoren haben einen Einfluss auf die Gesprächskultur. Große Nähe und niedrige Fluktuation führen zu sehr offenen Gesprächen. Die Grenzen zwischen beruflichem und privatem Verhalten verschwimmen. Dies ermöglicht ein intensives gegenseitiges Unterstützen in Belastungssituationen, kann jedoch auch zu übersteigerten Erwartungen an die Kolleginnen führen und ein wenig professionelles Reagieren begünstigen.

Das fast schon tabuisierte Thema der Macht erscheint in unterschiedlichen Ausprägungen: In einigen Einrichtungen hat die Leitung klare und unangezweifelte Autorität, in vielen anderen ist dies nicht der Fall und es gibt ein Teammitglied, das über hohe, inoffizielle Macht verfügt und in Opposition zur Leitung geht. Auch innerhalb der jeweiligen Gruppen-Kleinteams wird zwar häufig beteuert, es seien alle Mitarbeiterinnen gleich, dennoch wird um die Durchsetzung der eigenen Vorstellungen gerungen. Allerdings findet dieser Prozess eher verdeckt statt, zum Beispiel in Form von Sachdiskussionen, die in Wirklichkeit Beziehungsthemen zum Inhalt haben.

Konflikte werden lange unterdrückt, Unzufriedenheit eher in Abwesenheit der Betroffenen geäußert; ist dann das Maß voll, kommt es zur Eskalation. Alle Teammitglieder beziehen Stellung und der innerbetriebliche Frieden wird oft nachhaltig erschüttert. Wenige Teams verfügen über eine funktionierende Konfliktkultur, zu stark ist die Sorge vor Ärger und Disharmonien. Das lange Aufstauen von Irritationen führt dazu, dass Beziehungsthemen verspätet in den Vordergrund treten. Sehr erleichtert sind die Teams, wenn diese turbulente Phase durchschritten (vielleicht sogar durchlitten) wurde.

Die sozialen Bindungen sind danach in der Regel noch stabiler als vorher.

Achtung, freilaufende Emotionen!

Die vergleichsweise hohe Emotionalität der Teams in Kindertageseinrichtungen prägt das Miteinander – sowohl im positiven Sinne als auch im negativen. So wird sich überschwänglich über schöne Dinge im Arbeitsleben gefreut und dies gibt viel Kraft. Mit derselben Intensität wird aber auch gelitten und gestritten, wenn die Dinge nicht optimal laufen. Intensive Emotionen sind anstrengend (überraschenderweise auch intensive angenehme Emotionen), daher ist es gut, wenn diese nur auftreten, wenn das jeweilige Thema eine entsprechende Wichtigkeit hat.

Analyse

Zur Eskalationsvermeidung ist zum einen ein frühzeitiges Gegenlenken, zum anderen ein gewisses Maß an Selbstdisziplin notwendig. Aus

Fallbeispiel

Das Team der Einrichtung besucht eine Supervision, weil es in letzter Zeit häufiger zu Konflikten gekommen ist und weder die Mitarbeiterinnen noch die Eltern mit der momentanen Stimmung zufrieden sind. Bei einem heiklen Punkt fängt eine Erzieherin an zu weinen, zwei andere werden in der Diskussion immer lauter und unsachlicher. Die Wortwechsel haben eine hohe Dynamik und die Stimmung ist extrem geladen. Es macht fast den Eindruck, als hätte das Team jede professionelle Distanz zueinander verloren. Nachdem geklärt ist, welche Erwartungen jeweils an die zukünftige Zusammenarbeit bestehen, sind alle ziemlich erschöpft und wollen es nicht noch einmal so weit kommen lassen. Gemeinsam werden Vereinbarungen getroffen, wie das Team in Zukunft eine solche Eskalation vermeiden will.

Unsicherheit schieben viele Teams die Konfliktbearbeitung auf die lange Bank. Häufig vergessen die Mitarbeiterinnen jedoch während eines Streites im Kollegenkreis, dass sie sich noch immer in ihrer beruflichen Rolle befinden und somit ein gewisses Maß an Selbstkontrolle (Vermeidung von lautstarken Anschuldigungen, Unsachlichkeiten und Emotionsausbrüchen) von ihnen erwartet wird.

Überprüfen Sie anhand des folgenden Selbsttests das Maß an Emotionalität in Ihrem eigenen Team. Bitte zählen Sie, wie viele dieser Aussagen zutreffen.

- Bei uns gibt es Kollegen, die schon öfter bei Konflikten geweint haben.
- Manchmal warten wir so lange damit, ein Thema anzusprechen, bis der letzte Tropfen das Fass zum Überlaufen bringt.
- Einige Kollegen werden im Streit laut.
- Wenn jemand richtig ärgerlich ist, kann es auch zu persönlicher Kritik kommen.
- Wenn Kollegen einen schlechten Tag haben, zeigt sich dies auch an ihrem Verhalten.
- Sind Teammitglieder sauer aufeinander, beeinflusst dies merkbar die Stimmung.
- Wenn sich jemand gereizt fühlt, bekommen die Kollegen das manchmal ab.
- Wir regen uns teilweise viel zu schnell auf, auch über Themen, die nicht wirklich wichtig sind.

Bitte sehen Sie sich die Punkte, die auf Ihr Team zutreffen, genau an und überlegen Sie, wie man den Einfluss dieser Faktoren reduzieren könnte. Wenn Sie mehr als drei zutreffende Punkte gefunden haben, sollte Ihr Team das Thema zeitnah angehen. Fragen Sie sich, wie eine solche Dynamik entstehen kann und suchen Sie nach alternativen Bewältigungsstrategien. Kommt das Team alleine nicht weiter, kann die Arbeit mit einem externen Berater im Rahmen eines Teamtages oder einer Supervision weiterhelfen.

Arbeitspsychologischer Hintergrund

Emotionen gehören untrennbar zum menschlichen Verhalten. In der beruflichen Rolle ist es erforderlich, diese Gefühle nicht ungebremst zum Ausdruck zu bringen. Zu einem professionellen, reifen Verhalten gehört es, gleichsam einen Filter zwischen das eigene Empfinden und das zu schalten, was man zum Ausdruck bringt. Bei aller persönlichen Beteiligung geht es immer um die Angemessenheit der Reaktion.

Am Arbeitsplatz sind unsachliche, persönlich verletzende und lautstarke Streitgespräche nicht angemessen. Der Arbeitgeber kann zu Recht erwarten, dass alle Teammitglieder sich um ein Verhalten bemühen, das den innerbetrieblichen Frieden nicht unnötig strapaziert. Auch die Bereitschaft, sich Kritik und Änderungswünschen zu stellen, ohne beleidigt zu reagieren, ist unverzichtbar. Erfahrene Erzieherinnen wissen, dass auch die gelassene Annahme von Veränderungswünschen oder Kritik zu der „menschennahen" Arbeit in Kindertageseinrichtungen gehört.

Eine entsprechende Gesprächskultur wirkt entlastend, da Kränkungen vermieden werden und der innerbetriebliche Frieden nicht zu sehr strapaziert wird. Je berufserfahrener und älter die Teams sind, desto gelassener sind sie in der Regel auch. Dennoch sind auch ältere Erzieherinnen nicht davor gefeit, durch eine bestimmte Dynamik im Team die emotionale Distanz zu verlieren und sich im Eifer des Gefechtes unprofessionell zu verhalten. Im Kapitel „Aspekte der Gesprächskultur" wird dieses Thema vertieft behandelt.

Ein starkes Team

Eine unbestreitbare Stärke vieler Erzieherinnen ist ihre Liebe zum Beruf, so dass eher von Berufung die Rede sein könnte. Erzieherinnen verfügen daher über eine hohe intrinsische Motivation. (So wird in der Psychologie die Motivation bezeichnet, die durch den Reiz der Aufgabe entsteht und nicht durch äußere Faktoren wie Ansehen oder Geld.) Außerdem sind Erzieherinnen in der Regel hochgradig teamfähig. Sie schätzen die Kooperation und verfügen über große soziale Kompetenz. Hilfsbereitschaft und Kollegialität sind die Grundlage für ein erfolgreiches Zusammenarbeiten.

Interview

Anke P.: Wir haben in diesem Frühjahr in unserer Einrichtung eine heikle Situation erfolgreich bewältigt. Das hat uns im Team richtig Auftrieb gegeben. Wir haben gemerkt, dass wir fachlich gut und auch in Zeiten der Herausforderung den Aufgaben gewachsen sind.

A. H.: Das interessiert mich. Gibt es vielleicht einen Tipp, den sie an andere Teams weitergeben können?

Anke P.: Ein kleiner Junge wurde plötzlich nicht mehr in die Kita gebracht. Die Mutter rief an und teilte uns mit, dass sie nicht länger sicher sei, ob sie eine Betreuung durch uns für ihr Kind wolle. Das war natürlich insbesondere für die Kolleginnen, in deren Gruppe das Kind geht, eine harte Aussage. Wir haben dann das Gespräch mit der Familie geführt und herausarbeiten können, dass die Entscheidung der Mutter nichts mit der Qualität unserer Arbeit zu tun hatte, sondern die Familie in einer Krisensituation war, weil die Eltern eine schwierige Scheidung durchlitten. Auf den ersten Blick sah es so aus, als sei die Mutter mit uns unzufrieden, aber das Problem lag ganz woanders. Obwohl sich die Kolleginnen sehr angegriffen fühlten, haben sie ruhig und professionell die Situation klären können. Der Junge kommt wieder zu uns und entwickelt sich gut. Mein Tipp für Kolleginnen: Bleibt ruhig, besinnt euch eurer Fachlichkeit und nutzt eure Gesprächskompetenzen.

Analyse

Die Situation barg die Gefahr zu eskalieren. Äußert ein Elternteil den Vorwurf, nicht länger von der Qualität der Arbeit in einer Einrichtung überzeugt zu sein, ist dies sehr kränkend für die Erzieherinnen der jeweiligen Gruppe. Bemerkenswert ist in unserem Fallbeispiel die besonnene Reaktion des Teams. Im Gespräch ist es gelungen, hinter das wahre Problem zu kommen, indem nicht direkt in die Gegenoffensive gegangen wurde. Dies zeugt für ein professionelles Vorgehen mit der entsprechenden emotionalen Distanz der Erzieherinnen. Hilfreich in solch einer Situation ruhig zu bleiben, ist mit Sicherheit die Tatsache, dass das Selbstbild der Mitarbeiterinnen als fachlich versierte Erzieherinnen sie davor bewahrt hat, sich zu leicht angegriffen zu fühlen.

Erinnern Sie sich bitte an eine schwierige Gesprächssituation, in der es Ihnen als Team gelungen ist, die Situation zu entschärfen. Was genau haben Sie im Vorfeld besprochen? Wie ist dieses Gespräch verlaufen? Haben Sie sich gegenseitig aufgeschaukelt oder eher beruhigt? Was erscheint Ihnen besonders wichtig, um auch in Momenten der Kritik als Team ruhig bleiben zu können?

Arbeitspsychologischer Hintergrund

Ausschlaggebend im Hinblick auf die Gesprächskultur im Team ist der Prozess, der zwischen der Äußerung der Mutter und dem klärenden Gespräch mit ihr stattgefunden hat. Eine solche Situation kann ein gewisses Maß an Unruhe ins Team bringen und entscheidend ist, wie das Team auf diese Störung reagiert. Wird es verunsichert und lässt es die versteckte Kritik zu stark an sich heran, wird es sich der Mutter gegenüber anders verhalten, als dies der Fall ist, wenn das Team ruhig überlegen kann, wie es vorgehen will, weil es sich seiner Fachlichkeit sicher ist und daher weniger leicht in Unruhe gerät.

Erzieherinnen sind Kommunikationsexpertinnen. Mit zunehmender Berufserfahrung gelingt es ihnen auch emotional, geladene Situationen zu entschärfen. Je besser das Team zusammenhält und sich gegenseitig unterstützt, desto weniger werden Angriffe von außen die Einrichtung in Unruhe bringen können. Hierbei können Teams vom so genannten Synergieeffekt profitieren: Er besagt, dass die Teamleistung mehr als nur die Summe aller Einzelleistungen ist. In diesem Beispiel hat sich die besonnene Reaktion auf Basis einer entspannten Dynamik im Team der Erzieherinnen entwickeln können.

Der schöne Erfolg, den das Team von Anke P. erreichen konnte, ist ein gutes Beispiel für eine Teamleistung. Gemeinsam wurde das Gespräch mit der Familie geplant und durchgeführt. Gegenseitig konnten die Kolleginnen sich beruhigen und beraten. In jeder Einrichtung gibt es eine Fülle von besonderen Leistungen, die nur leider oft zu wenig beachtet werden. Durch ihre hohe Motivation erwarten die Teams auch Höchstleistungen von sich und finden gar nichts Besonderes daran, auch schwierige Situationen souverän zu meistern.

Checkliste

- **Synergieeffekte nutzen:** Sowohl im Arbeitsalltag in der Gruppe als auch in Ausnahmesituationen das geballte Wissen des Teams nutzen.
- **Von den eigenen Stärken profitieren:** Erzieherinnen haben hohe soziale Kompetenz; sind sie sich dessen bewusst, ist fast jede Situation zu bewältigen.
- **Ruhe und Kraft aus dem Team schöpfen:** Gerade bei Kritik können Kollegen beruhigen und den Rücken stärken.
- **Team als Quelle für Ideen gebrauchen:** Unterschiedliche Aspekte und Herangehensweisen verbreitern das Handlungsspektrum; daher schwierige Entscheidungen vorher mit Kollegen durchgehen.
- **Vom Erfahrungsschatz der anderen profitieren:** Nicht jeder muss das Rad neu erfinden; oft gibt es im Team bereits Erfahrungen mit ähnlichen Situationen, die weiterhelfen können.

- **Gesprächskultur auf Krisentauglichkeit überprüfen:** Sicherstellen, dass sich die Kollegen bei Unsicherheit nicht gegenseitig hochschaukeln, sondern ausgleichend agieren.
- **Selbstbewusst sein:** Sich der eigenen Fähigkeiten und Stärken sicher zu sein, schützt vor Panikreaktionen in Zeiten der Kritik.

Gesprächskultur im Konfliktfall

Sind alle entspannt und zufrieden, werden weniger Anforderungen an die Gesprächskultur gestellt als das in Konfliktsituationen der Fall ist. Besonders wenn Gefühle im Spiel sind, ist ein tragfähiges Konfliktmanagement unverzichtbar. Die Kommunikation verändert sich während eines Konfliktes. Entweder es wird weniger miteinander gesprochen, weil sich die Konfliktparteien voneinander zurückziehen, oder die Gespräche werden zu Auseinandersetzungen. Mit zunehmender Konfliktintensität nehmen neutrale Gesprächsinhalte immer weiter ab und es wird zunehmend nur noch in Bezug auf die strittigen Punkte interagiert.

Je stärker der Einzelne vom Konfliktgeschehen betroffen ist, desto mehr stellt sich auch eine Art „Tunnelblick" ein. Die eigene Sicht der Dinge wird als die einzig akzeptable wahrgenommen und die Toleranz im Hinblick auf Unterschiedlichkeiten im Team schwindet. In solchen Situationen kann ein vermittelndes Eingreifen von Kollegen immens hilfreich sein. Stecken die Kontrahenten schon zu tief im „Konfliktsumpf", als dass sie sich noch am eigenen Schopf wieder herausziehen könnten, kann ein neutraler Dritter die Situation entschärfen Hierbei muss es sich nicht notwendigerweise um die Leitung handeln: Jedes Teammitglied ist hier gefragt. Oft ist es sogar günstiger, bestimmte Themen nicht an die große Glocke zu hängen. Schwieriger wird es allerdings, wenn das gesamte Team betroffen ist.

Leider wird zu keinem Zeitpunkt der beruflichen Ausbildung in ausreichendem Maße das Thema Konfliktkultur behandelt. Dies ist nicht nur bei Erzieherinnen der Fall. Es scheint fast, als existiere ein gesamtgesellschaftliches Defizit im Umgang mit Konflikten. Viele Menschen haben Angst vor Konflikten. Sie haben nicht gelernt, damit umzugehen, fühlen sich im Konfliktfall unsicher und vermeiden daher Situationen der Konfrontation. Diese innere Haltung nehmen sie auch mit zur Arbeit. Gerade in reinen Frauenteams wird das Thema Konflikt gern umgangen. Der Konflikt schwelt im Untergrund vor sich hin, kommt er dann zu nahe an die Oberfläche, wirkt die Situation zu bedrohlich und die Teams drücken kollektiv auf die Bremse. Dies führt dazu, dass Probleme häufig über Monate oder sogar Jahre bestehen, weil aus Angst vor dem offenen Konflikt kein ernsthafter Bewältigungsversuch stattfindet.

Wir haben hier keine Probleme...

Fallbeispiel

Ein vierköpfiges Team hat sich entschlossen, in die Supervision zu kommen. Beim ersten Termin fehlt eine der Kolleginnen, sie liegt mit Grippe im Bett. Wie es der Zufall will, ist es die Kollegin, mit der sich die übrigen Drei schwer taten. Sie erzählen nun offen über ihre Probleme und sagen, dass diese Person das zentrale Problem sei. Bei der nächsten Sitzung ist die Kollegin dann wieder gesund und nimmt an dem Treffen teil. Als sie fragt, was denn beim letzten Mal besprochen wurde, drucksen die anderen herum. Als ich in die Runde frage, welches Thema das Team heute bearbeiten will, gibt es plötzlich kein Thema mehr. Die Unzufriedenheit über das Verhalten der Kollegin haben die Drei offenbar ganz „vergessen".

Analyse

Dieses Team hat sich nur in Abwesenheit der betroffenen Kollegin getraut, das Thema anzusprechen. Als die Konfrontation ansteht, fühlen sich die anderen überfordert und tun so, als sei alles in Ordnung. Die Angst vor dem Konflikt ist so ausgeprägt, dass es selbst im Schutzraum einer Supervisionssitzung nicht auf Anhieb gelingt, das Thema anzusprechen.

Arbeitspsychologischer Hintergrund

Probleme verschwinden nicht, indem man sie ignoriert. Einen Konflikt kann man sich wie eine Schüssel vorstellen: Zu Beginn steht man auf der einen Seite der Schüssel. Um auf die andere Seite zu kommen, muss man aber vorher in die Schüssel hinunterklettern. Dies ist auch bei Konflikten der Fall. Um sie zu bewältigen, muss man sich hineinbegeben. Viele Teams scheuen sich davor. Sie blicken in die Schüssel hinein und ziehen dann schaudernd den Kopf zurück. Diese Strategie führt zur Chronifizierung von Unzufriedenheiten mit vielen negativen Konsequenzen für Betriebsklima und Qualität der Teamleistung.

Bitte überlegen Sie, inwieweit die jeweilige Aussage für Sie persönlich zutrifft. Kreuzen sie möglichst spontan an, überlegen Sie nicht zu lange.

0 = diese Aussage trifft auf mich überhaupt nicht zu.

1 = diese Aussage trifft auf mich selten zu.

2 = diese Aussage trifft auf mich manchmal zu.

3 = diese Aussage trifft auf mich häufig zu.

Aussage	**0**	**1**	**2**	**3**
Es dauert bei mir länger, bis ich mich dazu durchringe, Kritik anzubringen, wenn ich unzufrieden bin.				
Ich habe oft Angst davor, wie ein Konflikt wohl ausgehen mag.				
Wenn die andere Person sehr dominant auftritt, fühle ich mich leicht hilflos.				
Wenn mir eine Situation zu heikel wird, versuche ich gerne, mit einem Scherz meine Unsicherheit zu überspielen.				
Man muss in einem Team nicht immer seine Ansicht durchsetzen, der Klügere gibt nach.				

Aussage	0	1	2	3
Ich bin froh, wenn die Leitung mir eine unangenehme Entscheidung abnimmt.				
Manchmal wünschte ich, meine Kollegen würden merken, dass ich mit etwas unzufrieden bin, ohne dass ich es ansprechen muss.				
Entscheidungen im Team müssen immer im Konsens getroffen werden.				
Bevor es zu Streit kommt, gebe ich lieber nach.				
Je sicherer die Gegenseite ihren Standpunkt vertritt, desto unsicherer werde ich, was die Richtigkeit meines eigenen Standpunktes angeht.				

Zählen Sie nun die Anzahl der Kreuzchen pro Spalte zusammen. Besonders interessant sind Ihre Kreuzchen in der Spalte 3: Hier erkennen Sie die Bereiche, in denen Sie ausweichend auf Konflikte reagieren. Fragen Sie sich: Was sind meine Befürchtungen in diesen Situationen? Schützt mich mein Verhalten davor, dass sich die Dinge, die ich befürchte, ereignen? Wie könnte ich mich anders verhalten, damit für mich und mein Team mehr dabei herauskäme? Je öfter Sie die Erfahrung gemacht haben, dass eine Beziehung nach einem erfolgreich beseitigten Konflikt sogar noch besser sein kann als vorher, desto leichter wird es Ihnen fallen, sich auf den Konflikt einzulassen.

Checkliste

- **Themen angehen:** Konflikte erledigen sich nicht von selbst; bleiben sie zu lange unbewältigt, brechen sie irgendwann umso destruktiver hervor.
- **Konstruktive Kritik üben:** Wird auf der Basis einer wertschätzenden Grundhaltung diskutiert, verlieren Auseinandersetzungen den Schrecken.
- **Stärkende Erfahrungen nutzen:** Erfolgreich bewältigte Konflikte machen Mut, sich auch zukünftigen zu stellen, da das Team merkt, dass Auseinandersetzungen nicht unbeherrschbar sind.
- **Rahmen vorgeben:** Eine konfliktfähige Leitung kann dem Team einen sicheren Rahmen geben, der die Konfliktbearbeitung ermöglicht.
- **Gespräche in Abwesenheit der Betroffenen vermeiden:** Es klatscht sich leicht hinter dem Rücken der Kolleginnen. Dies ist unkollegial und trägt nichts zur Konfliktbewältigung bei – also: Dinge direkt ansprechen.
- **Frühzeitig reagieren:** Damit sich der Ärger gar nicht erst zu einer Riesenwut aufstauen kann, frühzeitig Unzufriedenheiten klären; diese haben dann keine Chance, zu einem Konflikt zu führen.

Ziehen Sie Bilanz!

Teams tun sich schwer mit dem Ausdruck von Unzufriedenheit, wenn ihnen Strategien fehlen, bestimmte Themen in einer Form anzusprechen, die es ermöglicht, Kritik zu üben, ohne zu verletzen. Es ist wichtig, dass positive Aspekte gegenüber negativen nicht vergessen werden. Um frühzeitig Unzufriedenheiten anzusprechen, eignet sich eine Rückschau auf die Zusammenarbeit. Um diesen Vorgang zu strukturieren, habe ich die BILANZ-Methode entwickelt und auf Konzeptionstagen erfolgreich eingesetzt.

Setzen Sie sich als Team zusammen und ziehen Sie BILANZ!

B = Bravo! Hier haben wir etwas im Team erreicht.

I = Idee! Hier könnten wir noch etwas verbessern.

L = Lasterhaft! Hier haben wir ein Thema zu wenig beachtet.

A = Alarm! Das ist schiefgegangen, was lernen wir daraus?

N = Neuigkeiten! Wer hat etwas gelesen oder gelernt, das für alle hilfreich ist?

Z = Zorn! Damit bin ich nicht zufrieden!

Jeder der Buchstaben wird oben auf ein großes Blatt geschrieben. Die einzelnen Teammitglieder oder Zweier-Teams gehen dann von Blatt zu Blatt und schreiben auf, was ihnen zu den jeweiligen Punkten einfällt. Optimal ist es, wenn pro Blatt ein gesonderter Raum zur Verfügung steht, so dass möglichst ungestört gearbeitet werden kann. So trauen sich auch ruhigere Kollegen, die bei einer Gesprächsrunde eher schweigen würden, ihre Meinung zum Ausdruck zu bringen. Im nächsten Schritt versammelt sich das Team und wertet die Punkte gemeinsam aus. Erfolge werden gewürdigt, für offene Punkte werden Strategien entwickelt und Aufgaben verteilt. Das Ergebnis Ihrer Bilanz weist Ihnen den Weg in eine noch erfolgreichere Zukunft.

Die Methode ist geeignet, um Team- oder Konzeptionstage zu strukturieren, kann aber auch (wenn einzelne Buchstaben herausgegriffen werden) Teil der regelmäßigen Mitarbeiterbesprechungen sein. Sie spart Zeit, weil alle parallel arbeiten und macht Spaß, weil es flott vorangeht und sich im Ergebnis die bereits erbrachte Teamleistung widerspiegelt. Außerdem ist sie leicht verständlich und kann für unterschiedlichste Themen eingesetzt werden. Mit der Bilanz-Methode lassen sich sowohl die allgemeine Zufriedenheit messen als auch themenbezogene Ergebnisse bzw. Defizite aufzeigen.

Wer hat Recht?

Eine „Berufskrankheit“ vieler Menschen (Frauen werden von ihr besonders gerne befallen), die im sozialen Bereich arbeiten, ist der Versuch, es allen Recht zu machen. Das große Bedürfnis nach Harmonie bewirkt oft genau das Gegenteil: Störungen werden verschwiegen, Enttäuschungen geschluckt und die Stimmung wird durch zu viele unterdrückte Gefühle immer gereizter. Wenn man dann auch noch von sich selbst enttäuscht ist, weil man eines seiner selbstgesteckten Ziele nicht erreicht hat, sind Tür und Tor offen für den großen „Knall“.

Interview ?¡!

In einem Team von zehn Erzieherinnen gibt es eine besonders aktive, leicht chaotische Kollegin. Sie startet laufend Aktionen, die ihr dann nicht selten über den Kopf wachsen. Diese Erzieherin, Hanna A., erzählt, dass sie oft von den anderen Kolleginnen enttäuscht sei, da diese bei den von ihr geplanten Aktivitäten nie richtig mitzögen. Das Team wehrt sich daraufhin voller Empörung gegen den Vorwurf der Unkollegialität:

Hanna A.: Ich fühle mich von euch manchmal ganz schön alleingelassen. Wenn ich eure Hilfe brauche bei einer meiner Aktionen, kann ich auf euch nicht zählen!

Astrid B.: Wie bitte? Das kann doch wohl nicht wahr sein, ich helfe wo ich kann. Also das finde ich jetzt total unfair! Dauernd startest du Aktionen und fragst noch nicht einmal, ob wir überhaupt Zeit und Lust haben, dir zu helfen. Wir haben in unseren Gruppen genug zu tun.

Hanna A.: Ich helfe immer, wenn man mich fragt, aber wenn ich mal Unterstützung brauche ist keiner da ...

Analyse

In dieser Situation finden wir ein gutes Beispiel dafür, dass jeder Mensch seine Sicht der Dinge für die einzig richtige hält und es sich vortrefflich über die Frage „Wer hat Recht?" streiten lässt. Diese Frage ist aber selten eindeutig zu beantworten. Besser formuliert kann es heißen: „Wir haben unterschiedliche Ansichten. Wie sieht eine Lösung aus, die für uns beide vertretbar ist?" Im Lösungsfall spricht man dann von einer Gewinner-Gewinner-Situation – und keiner der Beteiligten wird sich als Verlierer fühlen.

Arbeitspsychologischer Hintergrund

Wichtig ist, eine klassische Kommunikationsfalle zu vermeiden: die „Ja, aber-Falle". In unserem Beispiel hört keine der Beteiligten der anderen wirklich zu oder geht auf deren Argumente ein. Jede versucht, ihre Sicht der Dinge als richtig darzustellen. Haben wir jedoch das Gefühl, der andere hätte uns nicht verstanden, nehmen wir einen neuen Anlauf und fangen noch einmal an, unseren Standpunkt zu erklären – leider wieder, ohne auf die Argumente der Gegenseite einzugehen. Die Gegenseite fühlt sich genauso unverstanden und fängt ihrerseits an, ihren Standpunkt erneut darzulegen. Die Frustration nimmt dabei auf beiden Seiten zu.

Die Lösung ist einfach: Bevor man in einer Diskussion seinen eigenen Standpunkt formuliert, ist es hilfreich, dem Diskussionspartner den Eindruck zu vermitteln, dass er verstanden wurde. Erst dann ist der andere nämlich bereit, unseren Standpunkt anzuhören. Keine Sorge: „Verstanden" bedeutet nicht „einverstanden". Dieses Verhalten fällt auf den ersten Blick schwer, da die Befürchtung, Zeit zu verlieren oder nicht zu Wort zu kommen, die Disziplin zuzuhören reduziert. Doch geht mehr Zeit damit verloren, wenn der Gesprächspartner sich unverstanden fühlt und eine Wiederholungsschleife nach der anderen fliegt.

Checkliste

- **Erst zuhören und verstehen, dann argumentieren:** Bevor versucht wird, den eigenen Standpunkt deutlich zu machen, anstreben, den Standpunkt des Gesprächspartners zu verstehen.
- **Tempo reduzieren:** In Ruhe zuhören, nicht unterbrechen und nicht mit „Ja, aber ..." antworten.
- **Verständnis signalisieren:** Vor dem Vorbringen der eigenen Argumente die Aussage des Gegenübers kurz zusammenfassen.
- **Gewinner-Gewinner-Lösungen suchen:** Nicht „auf Teufel komm raus" die eigene Meinung durchzusetzen, immer nach Lösungen suchen, die für beide Seiten vertretbar sind.
- **Gemeinsamkeiten betonen:** Im Konfliktfall ansprechen, dass beide im selben Boot sitzen; dies kann helfen, die Wogen zu glätten.
- **Emotionen kontrollieren:** Wenn der Tonfall des Gegenübers verletzend ist, ruhig ansprechen und um Unterlassung bitten. Versuchen, sich nicht in einen Strudel der Wut hineinreißen zu lassen.
- **Kompromisse ansteuern:** Eine Lösung kann oft nur gelingen, wenn beide Seiten von ihrem ursprünglichen Standpunkt abweichen und sich auf einen Kompromiss einlassen. Ruhig den ersten Schritt machen; es geht nicht darum, am längsten auf seinem Standpunkt zu beharren.
- **Positiv abschließen:** Am Ende des Gespräches nochmals betonen, dass einem daran gelegen ist, eine Lösung zu finden, mit der alle Beteiligten zufrieden sind.

Die ist hier an allem schuld!

Manchmal sieht es so aus, als wäre das einzige Problem eine bestimmte Person. Ist diese Person nicht da, gibt es keinen Streit, kaum ist sie zurück, kracht es wieder. Bei dem Eindruck, in einer Gruppe von Menschen sei einer an allem schuld, handelt es sich jedoch um eine Täuschung.

Interview ?!

In einer Supervisionssitzung hatten drei Erzieherinnen die vierte Teamkollegin in ihrer Abwesenheit als alleinige Quelle der schlechten Stimmung im Team bezeichnet (→ S. 33).

A. H.: Haben Sie der Kollegin schon gesagt, dass Sie sich durch ihr Verhalten gestört fühlen?

Team: Nein.

A. H.: Warum nicht?

Team: Wir wollten sie nicht verletzen und hatten Angst, ihr in der Diskussion unterlegen zu sein.

A. H.: Gab es schon einmal eine Situation im Team, in der ein Teammitglied alleine stand?

Team: Ja, damals war es eine Kollegin, die nicht mehr dabei ist.

Analyse

Menschen machen Fehler. Wenn sie keine Rückmeldung über den Fehler erhalten, gehen sie davon aus, keinen gemacht zu haben und verändern nichts. Hier liegt der Anteil der Kolleginnen am Problem – von ihnen hätte diese Rückmeldung kommen müssen. Sie haben es dabei belassen, den Missstand zu beklagen, ohne etwas zu seiner Lösung beizutragen. Dies ist ein erster Hinweis darauf, dass dieser Missstand nicht nur Nachteile haben kann –, sonst wäre das Team mit mehr Nachdruck an die Beseitigung des Problems gegangen. Offenbar kommt es in der Geschichte dieses Teams immer wieder zu dem Phänomen: „Einer gegen den Rest der Welt" – und vermutlich erfüllt diese Konstellation eine soziale Funktion.

Arbeitspsychologischer Hintergrund

Im zwischenmenschlichen Bereich sind die Dinge selten nur schwarz oder weiß. Es ist davon auszugehen, dass eine Gruppe von Menschen aktiv wird, wenn sie massiv unter einem Missstand leidet. Ist keine Aktivität zu entdecken, bedeutet das einen Hinweis darauf, dass dieser Missstand nicht nur negative Konsequenzen hat. Welche positiven Konsequenzen erfuhren die drei Team-Kolleginnen in unserem Beispiel durch den Konflikt?

Erstens: Ein gemeinsamer Feind schweißt zusammen. Vielleicht hat das Team unterbewusst gespürt, dass das Lästern über die Kollegin ein angenehmes Gefühl der Verbundenheit entstehen lässt, das es sonst selten gibt. Zweitens: Ein Sündenbock lenkt von eigenen Fehlern ab. Drittens: Die Leitung, die noch unsicher in ihrer Rolle war, konnte von ihren eigenen Schwächen ablenken, solange das Fehlverhalten der Kollegin im Mittelpunkt stand. Viertens: Vielleicht ist das Selbstwertgefühl in diesem Team nicht sehr stark ausgeprägt. Über das Herabsetzen eines anderen kann man sich selbst heraufsetzen. Fünftens: Ist die Arbeit eintönig, bedeutet ein Sündenbock mit seinem Verhalten eine unterhaltsame Abwechslung. Zusammenfassend lässt sich sagen: Gruppen sind durchaus in der Lage, Druck auf Störenfriede auszuüben. Unterbleibt dieser Druck, ist davon auszugehen, dass das Team in irgendeiner Form von diesem Störenfried profitiert und durch Unterlassung des Veränderungsdrucks seinen Teil zum Problem beiträgt. Der „schwierige" Kollege ist dann nur die Stelle, an der sich ein Missstand zeigt, nicht dessen Ursprung.

Kennen Sie solche Phänomene aus Ihrem eigenen Team? In welchen Situationen denken Sie selbst, eine bestimmte Person sei an allem schuld? Welchen Nutzen hat es für Sie und Ihr Team, einen Südenbock zu haben? Welches eigentliche Thema steckt hinter diesem „Lautsprecher" und inwiefern sind alle im Team davon betroffen?

Checkliste

- **Realistische Situationsanalyse vornehmen:** Der „schwierige Kollege" ist nur die Stelle, an der sich ein Problem zeigt. Das Problem hat immer das gesamte Team. Überlegen, warum der Rest der Gruppe nichts unternimmt.
- **Verborgenen sozialen Nutzen überlegen:** Wer profitiert? Welchen verborgenen sozialen Nutzen hat das Team durch das Problem?
- **Aktiv werden:** Eigenes Verhalten verändern; eine Verhaltensänderung bei dem „schwierigen Kollegen" wird nicht ausbleiben.
- **Unrealistische Wünsche aufgeben:** Den Wunsch, den „schwierigen Kollegen" loszuwerden, aufgeben. Meist „erbt" ein anderes Teammitglied den Schwarzen Peter, oder die Nachfolgerin muss die Rolle übernehmen. Problemen kann man nicht kündigen!
- **Vergangenheit überprüfen:** Sind in der Vergangenheit des Teams ähnliche Phänomene aufgetreten? Wenn ja, ist ein für das Team typisches Verhaltensmuster gefunden. Erscheint dieses Muster nicht sinnvoll, zum Thema einer Supervision machen.

Es gibt ein Leben nach dem Konflikt

Selbst bei sehr schweren Konflikten ist eine gute Lösung möglich –, wenn man das Thema nur angeht.

Fallbeispiel

Seit anderthalb Jahren besteht ein heftiger Konflikt zwischen der Leitung und einer Mitarbeiterin in einer Kindertageseinrichtung. Im Laufe der Auseinandersetzung hatte sich das Team geschlossen hinter die Kollegin gestellt. Die

Fallbeispiel

Fronten sind so verhärtet, dass das Team bereit war, sich der Leitung gegenüber verletzend und unkollegial zu verhalten. Diese hatte die ganze Zeit versucht, sich die daraus resultierende Kränkung nicht anmerken zu lassen. Sie war in psychologischer Behandlung und sehr belastet, als ich – vom Vorstand beauftragt – zur ersten Sitzung in die Einrichtung kam. Niemand wollte neben der Leitung sitzen, es entstand eine riesige Lücke im Stuhlkreis. Nach einer Reihe von Sitzungen hat das Team eine gute und konstruktive Lösung für das Problem gefunden. Als ich zwei Jahre später telefonischen Kontakt mit der Leitung hatte, erzählte sie mir, dass es immer noch gut laufe und keine größeren Konflikte mehr aufgetreten seien.

Analyse

Alle Anzeichen für einen schweren, lang andauernden Konflikt waren anfangs gegeben. In dieser Situation ist davon ausgehen, dass keine der Konfliktparteien sich wohl fühlt. Dies führt dazu, dass alle bereit sind, sich dem Thema zuzuwenden und nach einer Lösung zu suchen. Ohne externe Begleitung wäre dies vermutlich in diesem Fall nicht möglich gewesen. Entscheidend ist hier die Lösbarkeit selbst eines so schweren Konflikts und die Tatsache, dass es danach eine stabile neue Form des Miteinanders gibt.

Arbeitspsychologischer Hintergrund

Furcht und Hilflosigkeit im Konfliktmanagement sind die beiden lähmendsten Faktoren in vielen Teams. So haben belastende Situationen die Chance, lange anzudauern und eine starke Beeinträchtigung zu werden. Der Punkt, an dem Belastungen unerträglich werden, wird oft erst sehr spät erreicht. Offenbar fehlt vielen Menschen die Erfahrung, dass es auch nach einem schweren Konflikt ein gutes und kollegiales Miteinander geben kann. Bestimmte Beziehungen mögen sich nach einem Konflikt verändert haben, sind vielleicht nicht mehr ganz so eng wie vorher, dennoch aber gut, kollegial und tragfähig. Ein Herauszögern der Konfliktbearbeitung führt in der Regel eher zur Verschärfung als zur Verbesserung der Situation. Große, lang andauernde Konflikte sind häufig „hausgemacht", da sie an Bedeutung gewinnen, weil sich die Teams nicht an die Klärung herantrauen.

Für eine Klärung ist es nie zu spät: Das Team muss miteinander arbeiten und jede Verbesserung in der Beziehung zueinander bedeutet eine Erleichterung. Die menschliche Psyche ist nicht darauf ausgerichtet, über längere Zeit in konflikthaften Situationen zu leben. Forschungsergebnisse zeigen, dass das Risiko für Krankheiten zunimmt, wenn es in der alltäglichen Umgebung ungelöste Konflikte gibt. Sind die ersten Schritte zur Konfliktlösung erfolgreich unternommen, werden die Verhaltensweisen untereinander zunehmend friedfertiger und kollegialer. So wächst neues Vertrauen, nach und nach können Kränkungen aus der Vergangenheit aufgearbeitet und verziehen werden. Die Erfahrung zeigt, dass diese Verbesserung umso stabiler ist, je konstruktiver die neu geschaffenen Strukturen zum Umgang mit Konflikten angewandt werden: Dies können Vereinbarungen sein, frühzeitig über Unzufriedenheit zu sprechen, aber auch eine Versachlichung der Diskussionen.

Befinden Sie sich selbst momentan in einer konflikthaften Situation? Fragen Sie sich, wie lange das Problem schon besteht. Wenn dies länger als zwei Wochen der Fall ist, sollten Sie und Ihr Team dringend aktiv werden. Überlegen Sie gemeinsam, wie das Team davon profitieren kann, wenn dieser Konflikt beigelegt wird. Das gibt Kraft, die Sache anzugehen.

Checkliste

- **Lösung herbeiführen:** Kein Konflikt ist zu schwer, um ihn zu lösen. Je größer der Leidensdruck, desto wichtiger die Herbeiführung einer Lösung.

- **Auf ein gutes Ende vertrauen:** Die Angst davor, was passiert, wenn das Thema auf den Tisch kommt, ist unbegründet; meist ist die Klärung nicht schlimmer als der unbewältigte Konflikt.
- **Erfahrungswissen aufbauen:** Teams, die einen Konflikt erfolgreich gelöst haben, tragen ein geringeres Risiko, dass es in der Zukunft nochmals zu solchen Situationen kommt, weil sie über geeignete Strategien verfügen.
- **Hilfen nutzen:** Nicht für den Konflikt oder die Tatsache, dass das Team ihn nicht selber lösen kann, schämen, sondern überlegen, wer oder was bei der Bewältigung helfen könnte und diese Hilfen nutzen.
- **Erfolge feiern:** Nach bewältigtem Konflikt mit einer schönen Aktion belohnen!
- **Zukunftssicherung betreiben:** Die BILANZ-Methode (→ S. 37) sorgt z.B. dafür, dass Unzufriedenheiten angesprochen werden können, bevor sie zu großem Ärger führen.

Vom Umgang mit Fehlern und Feedback

Wo Menschen arbeiten, werden auch Fehler gemacht. Besonders konfliktträchtig sind die Fehler im Umgang mit Kolleginnen. Bei Ärger über das Verhalten eines anderen wird immer dazu geraten, dieses Problem anzusprechen. Wie können Unzufriedenheiten formuliert werden?

Fallbeispiel

Als Sabine morgens in die Einrichtung kommt, wird sie von einer Kollegin mit Kritik konfrontiert, bevor sie überhaupt richtig „angekommen" ist. Im Spätdienst hatte die Kollegin sich über etwas geärgert und platzt nun bei der erstbesten Gelegenheit damit heraus.

Monika bekam ihr Feedback schriftlich. Die Leitung hatte sich darüber geärgert, dass Monika etwas vergessen hatte. Da sie am nächsten Tag nicht in der Einrichtung war, hat sie Monika einen Brief geschrieben. An einigen Stellen waren Unterstreichungen, an anderen drei Ausrufezeichen.

Analyse

Sabines Kollegin achtet zu wenig auf den angemessenen Zeitpunkt. In dieser Situation bei Arbeitsbeginn fehlt die notwendige Ruhe. Außerdem hat sie Sabine nicht gefragt, ob der Zeitpunkt für ein Feedback auch für sie passend ist. Bei Feedback geht es in erster Linie nicht darum, etwas loszuwerden, sondern beide Seiten sollten gleichermaßen von diesem Prozess profitieren können.

Monikas Chefin hat eine unangemessene Form der Rückmeldung, die Schriftform, gewählt. Dies war nicht erforderlich und ist für Feedback ungünstig. Ein Brief, der die Wut des Schreibenden so klar erkennen lässt, hat nichts mit einem konstruktiven Feedback zu tun. Es besteht die Gefahr, dass nach dieser Art der Rückmeldung die Beziehung zwischen Sender und Empfänger empfindlich belastet ist.

Bitte überprüfen Sie, ob Sie den folgenden Vorschlägen im Alltag folgen.

Für den Feedback-Sender:

- Geben Sie Feedback so, wie Sie es gerne bekommen möchten. Bleiben Sie konstruktiv und fragen Sie, ob der Zeitpunkt für den anderen günstig ist.
- Sprich per Ich! Beschreiben Sie, wie Sie das Verhalten erlebt haben. Beurteilen Sie nicht Ihr Gegenüber. Also nicht: „Du bist unkollegial“ (Beurteilung) – sondern: „Als ich alleine aufräumen musste, war ich sauer, dass du mir nicht geholfen hast“ (eigene Gefühle).
- Vermeiden Sie Formulierungen mit „nie“ oder „immer“.

- Geben Sie nicht nur Feedback, wenn etwas schlecht gelaufen ist. Loben Sie auch!
- Wählen Sie einen möglichst nahen Zeitpunkt für das Feedback, zerren Sie keine alten Geschichten aus der Mottenkiste. Warten Sie aber ab, bis Ihre Erregung abgeklungen ist und für beide Beteiligten ein geeigneter Zeitpunkt gekommen ist.
- Geben Sie Feedback nur im direkten Kontakt, vermeiden Sie schriftliche Rückmeldung, da hierbei unmöglich ist, die Reaktion des Empfängers zu überprüfen.

Für den Feedback-Empfänger:

- Erklären Sie nicht sofort, dass Sie es ganz anders gemeint haben. Rechtfertigen Sie sich nicht auf der Stelle. Machen Sie sich klar, dass das Feedback rein subjektiv die Sicht Ihres Gegenübers mitteilt.
- Wenn Sie durch ein Feedback sehr überrascht/verletzt sind, sagen Sie, dass Sie darüber erst einmal nachdenken wollen und dann später wegen eines Gesprächs auf den anderen zukommen werden.
- Wenn Sie nach reiflicher Überlegung auf das Feedback antworten wollen – tun Sie das.

Arbeitspsychologischer Hintergrund

Feedback, zu Deutsch Rückmeldung, ist notwendig, um die Zusammenarbeit zu regeln und Erwartungen zu transportieren. Wird es auf konstruktive, wertschätzende Art gegeben, ist es ein wertvolles Geschenk an den Empfänger. Leider wird Feedback oft missbraucht, um Ärger loszuwerden oder um sich zu beschweren. Feedback soll beiden Seiten dienen und nicht nur den Sender entlasten, indem die Belastung auf den Empfänger geschoben wird.

Basis für erfolgreiche Feedbackprozesse ist eine wertschätzende Grundhaltung dem Empfänger gegenüber. (Diese ließ insbesondere Monikas Chefin im Fallbeispiel vermissen. Das Befolgen der einfachen Regel, Feedback so zu geben, wie man es selbst gerne bekommen würde, hätte hier schon viel verändert.) Das Ziel von Rückmeldung ist stets eine Verbesserung, persönliche Weiterentwicklung, Wachstum. Ist es dem Sender nicht möglich, eine respektvolle und wertschätzende Haltung dem Empfänger gegenüber einzunehmen, sollte er den Feedbackprozess nicht einleiten. Oft fehlt nur etwas Zeit, damit sich die eigenen Emotionen legen. Reicht Zeit allein nicht aus, stellt sich die Frage, wie es zu dieser Haltung kommen konnte. Hier sind insbesondere die eigenen Anteile am Geschehen kritisch zu hinterfragen. Ist die Rückmeldung aus Konfliktscheu zu lange herausgezögert worden und jetzt der Ärger schon zu groß, um fair zu sein? Dafür kann der Empfänger nichts, hier ist Arbeit an sich selbst notwendig. Gibt es persönliche Antipathien, so sind diese für den Rückmeldungsprozess so zu kontrollieren, dass es nicht zu Unfairness kommt. Gelingt dies nicht, sollte ein neutraler Dritter als Vermittler hinzugezogen werden.

Die „Verletzungsgefahr" ist bei Feedback nicht zu unterschätzen. Die Beziehung zwischen Sender und Empfänger kann durch Kränkungen belastet werden und dauerhaft Schaden nehmen. Außerdem kann durch unbedachte Kritik der Empfänger verunsichert werden, was dann das genaue Gegenteil von Wachstum und Weiterentwicklung zur Folge hätte. Halten sich beide Parteien an die Feedbackregeln, stehen die Chancen gut, dass der Prozess erfolgreich verläuft.

Aspekte der Gesprächskultur – Kommunikation im Teamalltag

Gruppendynamische Prozesse, Kommunikation und Kooperation werden beeinflusst durch die Gesprächskultur in den Einrichtungen. In der Regel findet viel intensive Kommunikation statt, Einzelgänger sind in Kindertageseinrichtungen eher selten. Das Ausmaß an Nähe im Team hat Einfluss auf die Zusammenarbeit: Weder eine zu große Nähe, noch das Gegenteil, ein Übermaß an konkurrenzbedingtem Gegeneinander, sind gut für ein Team.

Oft arbeiten die Teams schon über viele Jahre miteinander und kennen sich sehr gut. Damit wächst die Vertrautheit, allerdings schwinden die Grenzen zwischen kollegialem und freundschaftlichem Miteinander. Je länger man zusammenarbeitet, desto mehr steigt das Risiko, „betriebsblind" für bestimmte Eigenheiten zu werden, die sich in die Kommunikation einschleichen. Der Stress im Arbeitsalltag macht es nicht immer leicht, das eigene Verhalten zu kontrollieren.

Zuviel des Guten

Zuviel Nähe und zu hohe Erwartungen an eine Arbeitsbeziehung können zu Enttäuschungen führen.

Fallbeispiel

Saskia, Maria, Claudia und die Leitung Susanne arbeiten schon über zehn Jahre zusammen in einer städtischen Einrichtung. Es hat handfesten Streit im Team gegeben. Im Rahmen der Ursachenklärung erzählt Maria, dass sie es den Kolleginnen noch immer übel nähme, dass diese sie bei der Trennung von ihrem Mann vor drei Jahren nicht intensiv genug getröstet und unterstützt hätten. Die anderen können sich noch gut erinnern, dass sie sich in der Situation oft überfordert gefühlt hatten. Bei allem Verständnis für die Belastung von Maria waren sie nicht bereit, in ihrer Rolle als Kolleginnen den gesamten Trennungsstress zu kompensieren. Zum Teil war es ihnen auch unangenehm, sehr private Details aus dem Leben von Maria zu erfahren.

Analyse

Hier wird eine drei Jahre alte Situation viel zu spät angesprochen, und das Thema hatte zu lange Zeit, die Beziehung zwischen den Kolleginnen zu belasten. Das Team ist mit nur vier Personen verhältnismäßig klein, und zehn Jahre gemeinsamer Arbeit haben sicher dazu geführt, dass die Beziehungen untereinander enger sind als in anderen Fällen. Kollegiale Unterstützung in schlechten Zeiten ist zwar wünschenswert, es muss aber klar zwischen privaten Freundschaften und einem kollegialen Miteinander am Arbeitsplatz unterschieden werden.

Bitte definieren Sie den Unterschied zwischen einer Freundin und einer Kollegin. Wo liegt die Grenze einer kollegialen Beziehung, wenn es um private Themen geht? Worin liegt die Gefahr, wenn diese Grenze nicht wahrgenommen wird? Was hat ein Team von einem sinnvollen Ausmaß an Distanz?

Arbeitspsychologischer Hintergrund

Besonders Frauen sind harmonische Beziehungen am Arbeitsplatz wichtig. Wenn ein kleines Team lange zusammenarbeitet, nähern sich die kollegialen Beziehungen einer Freundschaft leicht an. Natürlich kann es vorkommen, dass Freundinnen zusammenarbeiten oder aus Kolleginnen im Laufe der Zeit Freundinnen werden. In diesen Fällen ist es wichtig, darauf zu achten, dass die Freundschaft das Verhalten am Arbeitsplatz nicht zu stark beeinflusst. In unserer Geschichte hatte Maria an ihre Kolleginnen und an ihre Chefin Erwartungen gestellt, die ein kollegiales Verhältnis überfordern. Trost und Unterstützung bei privaten Sorgen kann man im Arbeitskontext nur in gewissem Maße erwarten. Überzogene Erwartungen können nur in einer Enttäuschung münden. Im Mittelpunkt der sozialen Beziehungen am Arbeitsplatz steht stets die Arbeit. Es ist nicht die Aufgabe der Kollegen, private Sorgen aufzufangen.

Eine zu große Nähe kann zu folgenden Komplikationen führen:

- Es fällt schwerer, Kritik anzubringen
- Diskussionen werden unsachlicher
- Andere Teammitglieder fühlen sich ausgeschlossen. Es kann zur Spaltung des Teams in verschiedene Lager oder Grüppchen kommen
- Der Fokus der Aufmerksamkeit droht von der Arbeit auf den privaten Bereich zu wandern.

Arbeit und Kollegen können nicht mit Freizeit und Freunden gleichgesetzt werden, auch wenn man sich schon sehr lange kennt und eng zusammenarbeitet. Sonst entstehen Rollenunklarheiten, die sich leistungsmindernd und konfliktfördernd auswirken.

Checkliste

- **Private Themen reduzieren:** Diesen Bereich nur in bedingtem Ausmaß mit an den Arbeitsplatz bringen.
- **Kolleginnen informieren:** Ansprechen, wenn der Eindruck entsteht, dass die Erwartungen an eine kollegiale Beziehung zu groß sind.
- **Arbeitszeit als Auszeit für private Sorgen nutzen:** In Sachen Problembewältigung hilft es, Pausen einzulegen. Nach der Arbeit ist dann mehr psychische Kraft vorhanden, sich dem privaten Problem zuzuwenden. Eine unentwegte Beschäftigung mit dem Thema hilft nicht bei der Bewältigung.
- **Kollegin und nicht Therapeutin sein:** Um Rat gefragt zu werden ist schön. Doch die professionelle Distanz hilft vermeiden, sich zur Therapeutin oder Eheberaterin der Kollegin zu machen.
- **Freundschaft und Arbeit bewusst trennen:** Vermischung kann die Beziehungen belasten und zu Unruhe im Team führen.

Erzieherin mit Vorbildcharakter

Während ihrer Zeit im Kindergarten lernen Kinder im optimalen Fall, wie sie Konflikte erfolgreich lösen können. Sie üben soziale Strategien im Umgang mit anderen Menschen. Auch das Gesprächsverhalten wird in dieser Zeit geprägt. Die Kinder lernen dies durch die Auseinandersetzung mit Gleichaltrigen. Und auch das so genannte „Lernen am Modell" (hiermit ist gemeint, dass Kinder sich am Verhalten der Menschen in ihrer Umgebung orientieren) spielt dabei eine wichtige Rolle. Großen Einfluss haben hier die Erzieherinnen. Sie sind für die Kinder Respektspersonen und Vorbild. Viele Kinder idealisieren ihre Erzieherinnen geradezu. Neben den Eltern sind diese diejenigen Erwachsenen, mit denen die Kinder die meiste Zeit verbringen. Kinder beobachten genau, wie sich die Erzieherinnen verhalten und registrieren sehr fein die Atmosphäre, die in der Einrichtung herrscht.

Fallbeispiel

Gabriele und Susanne arbeiten gemeinsam in einer Gruppe. Schon öfter hatte es zwischen den beiden Ärger gegeben. Susanne ist eine sehr kreative Frau, die es aber mit der Ordnung nicht so genau nimmt. Gabriele hatte sich in letzter Zeit immer öfter darüber geärgert, dass Susanne Dinge vergaß, um die sie sich dann kümmern musste. Zum offenen Streit kommt es bei einem Spaziergang mit den Kindern. Der Ausflug wird abgekürzt, den Rest des Tages verbringen Gabriele und Susanne in angespanntem Schweigen. Zur Aussprache kommt es dann am späten Nachmittag im Büro der Leitung, als die Kinder nach Hause gegangen sind.

Analyse

Zum lautstarken Streit vor den Kindern hätte es nicht kommen dürfen. Die Erzieherinnen sind für die Kinder eine Quelle von Schutz und Orientierung. Kommt es zwischen zwei Personen mit dieser Rolle zur offenen Auseinandersetzung, verunsichert dies die Kinder stark. Noch ausschlaggebender ist, dass die Kinder zwar den Streit der beiden miterlebt haben, aber die Versöhnung ohne sie stattgefunden hat. Zum erfolgreichen Umgang mit Konflikten gehört auch das Herbeiführen einer Lösung. Diese wichtige Lektion konnten die Kinder nicht lernen, da sie zu diesem Zeitpunkt schon nicht mehr in der Einrichtung waren.

Überlegen Sie, in welchen Situationen „Lernen am Modell“ bei den von Ihnen betreuten Kindern zu beobachten ist. Wie bewusst kontrollieren Sie und Ihre Kolleginnen ihr Verhalten vor den Kindern? Wie kann eine Erzieherin sich verhalten, wenn Kinder eine Reaktion beobachten, die „im Eifer des Gefechtes“ zustande gekommen ist, aber keinen Vorbildcharakter hat? Wie können Kinder Versöhnung lernen?

Arbeitspsychologischer Hintergrund

Ein zentraler Baustein in der Entwicklung des Kindes ist der Umgang mit Gefühlen – der Erwerb von emotionaler Intelligenz. Was bedeutet emotionale Intelligenz? Damit ist die Fähigkeit eines Menschen gemeint, mit den Gefühlen, mit denen er konfrontiert wird, klug umzugehen. Ob dies nun die eigenen Gefühle sind oder die Gefühle anderer Menschen, spielt keine Rolle. In bestimmten Situationen ist es wichtig, eigene Gefühle zu beherrschen, in anderen sollte man sie ausleben. Auch die angemessene Reaktion auf die Gefühle der Umwelt gehört zu einem erfolgreichen Sozialverhalten. Viele Erwachsene, besonders Männer, fühlen sich angesichts von intensiven Gefühlen hilflos. Dies hat seinen Grund darin, dass in der „Schule des Lebens“ das Thema Gefühle oft zu kurz kommt. Für ein gutes Miteinander in der Gesellschaft ist es jedoch erforderlich, gekonnt auf Gefühle, besonders auf negative Gefühle, reagieren zu können.

Für unser Fallbeispiel bedeutet dies, dass die beiden Kolleginnen den Konflikt viel früher schon hätten klären sollen. Dann wäre es nicht zu dieser Eskalation gekommen. Es ist wichtig zu erkennen, wann ein klärendes Gespräch fällig ist. Zu einem emotional intelligenten Verhalten gehört auch eine deeskalierende Art der Gesprächsführung. Hiermit ist ein möglichst vorwurfsfreies, eher beschreibendes Formulieren gemeint. Ist diese Vorgehensweise nicht erfolgreich, wäre es emotional intelligent, die Hilfe bei einer dritten Person (Kollegin, Leitung, Supervisorin) zu suchen.

Was können Sie zur Förderung des intelligenten Umgangs mit Gefühlen in Ihrer eigenen Einrichtung tun? Was halten Sie davon, emotionale Intelligenz zum Thema eines Projektes zu machen? Sicher fallen Ihnen und Ihren Kolleginnen eine Menge möglicher Aktionen ein.

Checkliste

- **Streit vor Kindern verhindern:** Auseinandersetzungen zwischen Erzieherinnen wirken stark verunsichernd auf die Gruppe.
- **Eigenes Verhalten beachten:** Erzieherinnen haben einen großen Einfluss auf die Kinder in einer sehr prägenden Phase der Entwicklung; dies sollte auch im Alltagsstress nicht in Vergessenheit geraten.
- **Versöhnen lernen:** Zum gelungenen Konflikt gehört immer auch die Versöhnung. Für Kinder ist es wichtig zu lernen, wie man sich versöhnt.
- **Aufmerksamkeit schenken:** Sehr wach sein, um den richtigen Zeitpunkt zur Klärung eines Konfliktes wahrzunehmen.
- **Frühzeitig reagieren:** Ein klärendes Gespräch herbeiführen, wenn zu merken ist, dass ein bestimmtes Thema zu Irritationen führt.
- **Eskalation verhindern:** Konstruktiv argumentieren, Kränkungen und Vorwürfe vermeiden.

- **Emotionale Intelligenz thematisieren:** Den Umgang mit Gefühlen in verschiedenen Einheiten auch den Kindern in der Einrichtung näher bringen.

Den richtigen Zeitpunkt finden

Der gewählte Zeitpunkt für ein Gespräch unter Kolleginnen ist entscheidend für den Gesprächserfolg. Wenn ein klärendes Gespräch immer wieder aufgeschoben wird und schließlich zu spät stattfindet, ist der Ärger oft so groß, so dass eine Lösung schwerer fällt als notwendig. Oder einzelne Mitarbeiterinnen nehmen sich vor, aus ihrem Herzen keine Mördergrube zu machen und sprechen Dinge zu einem Zeitpunkt an, der ungeeignet ist, weil momentan die Emotionen zu stark sind bzw. die Zeit fehlt.

Fallbeispiel

Seit anderthalb Jahren arbeitet Frau J. zusammen mit einer Kollegin in derselben Gruppe. Ebenso lange ärgert sie sich schon über deren schlechte Organisation. Die Kollegin verzettelt sich häufig und dann geraten beide unter Druck. Frau J. ist von Natur aus ein friedliebender Mensch und mag Konflikte nicht. Daher hat sie lange das Thema nicht angeschnitten. Zwischenzeitlich hatte der Ärger aber seinen Höhepunkt erreicht. Eltern hatten sich bei der Leitung über die Arbeit in Frau J.´s Gruppe beklagt. Nach dem Gespräch mit der Leitung kehrt Frau J. völlig verärgert in die Gruppe zurück und sagt der Kollegin ihre Meinung. Seitdem ist die Stimmung eisig.

Analyse

Frau J. hat über (zu) lange Zeit die Strategie der Konfliktvermeidung durch Schweigen angewandt. Konflikte verschwinden nur in den seltensten Fällen von selbst. Im Gegenteil: Sie haben bei Nichtbeachtung die Tendenz, zu eskalieren. Als Konsequenz ist nun genau das eingetreten, was Frau J. vermeiden wollte: eine Verschlechterung in der Beziehung zu ihrer Kollegin. Dieses Verhaltensmuster der Konfliktvermeidung durch Schweigen ist häufig in Teams zu beobachten, die nicht über ein funktionierendes Konfliktmanagement verfügen.

Woran kann ich erkennen, dass ein Thema angesprochen werden sollte? Wie verhalte ich mich, wenn ich unzufrieden bin? Wann sollte ich (vorerst) mit einem Gespräch besser warten?

Arbeitspsychologischer Hintergrund

Es ist menschlich, Konflikte lieber zu vermeiden. Auch das Bedürfnis nach Harmonie unter Kollegen ist nachvollziehbar. Eine Entscheidungshilfe, wann Unzufriedenheiten angesprochen werden sollten, ist das so genannte Ampelmodell: Läuft alles glatt und sind alle Beteiligten zufrieden mit dem Miteinander, zeigt die Ampel auf Grün – es ist nicht notwendig, etwas zu verändern. Stellt sich eine Unzufriedenheit ein, die nicht durch „eine Nacht darüber schlafen" verschwindet, wechselt die Ampel auf Gelb. Nun ist der Zeitpunkt gekommen, etwas zu unternehmen. Dies kann ein Gespräch mit den Betroffenen sein, aber auch die Arbeit an der eigenen Wahrnehmung oder dem eigenen Verhalten. In diesem Stadium ist es nicht sinnvolle, gar nicht zu reagieren, da nun nicht mehr damit zu rechnen ist, dass sich die Situation von selbst klärt. Entscheidet man sich aus Angst vor dem Konflikt oder aus Trägheit zur Untätigkeit, droht die Eskalation und damit der Wechsel der Ampel zum roten Licht. Steht die Ampel auf Rot, wurde zu lange abgewartet oder eine Situation hat eine sehr starke emotionale Reaktion zur Folge gehabt. Dies ist nicht der Zeitpunkt, um ein kollegiales Gespräch zu führen! Sehr konfliktscheue Menschen glauben manchmal den Schwung der Emotion zu brauchen, um heikle Themen überhaupt angehen zu können. Das ist nicht ratsam, da Emotionen die Wahrnehmung und das Kommunikationsverhalten verändern und die Wahrscheinlichkeit einer Eskalation erhöhen. Doch was ist zu tun, wenn die Ampel bereits auf Rot steht?

Hier kann die **4 A -Methode** helfen:

Abwarten, bis die Stärke der Emotionen etwas zurückgegangen ist.

Analysieren, wie es so weit kommen konnte und wo man selbst zu der Situation beigetragen hat.

Ampelfarbe überprüfen: Ist die Ampel wieder auf Gelb zurückgesprungen, Schritte zur Situationsbewältigung einleiten.

Ansprechen, mit den Betroffenen in den Dialog eintreten.

Checkliste

- **Entscheidungshilfen nutzen:** Ampelmodell anwenden; wenn die Ampel auf Gelb springt: reagieren.
- **Verantwortung für die Kultur im Team übernehmen:** Teams können nur funktionieren, wenn alle Mitglieder bereit sind, sich auch unangenehmen Themen zu stellen.
- **Methoden der Zufriedenheitsmessung anwenden:** z.B. BILANZ-Methode
- **Keine Gespräche bei roter Ampel führen:** Die Gefahr der Eskalation ist zu hoch.
- **4 A-Methode anwenden:** Bei roter Ampel: abwarten, analysieren, Ampel checken, ansprechen.
- **Kollegiale Hinweise geben:** Bemerken die Betroffenen das Fortschreiten des Konfliktes nicht oder bleibt eine Reaktion aus, darauf hinweisen und Hilfe anbieten.

Lob – das Salz in der Suppe

Alle Menschen brauchen Wertschätzung. Diese wird besonders gewichtig, wenn sie sich auf berufliches Handeln bezieht und von Kollegen kommt, die aufgrund ihres Wissens beurteilen können, wie gut eine Aufgabe bewältigt wurde. Lob spornt zu weiteren Leistungen an, gibt Kraft und Ermutigung.

Fallbeispiel

Martin ist der einzige Mann im Team und außerdem mit Abstand der jüngste. Die Leitung und seine Kolleginnen sind mindestens zehn Jahre älter und ausgeprägte Persönlichkeiten. Sie haben viel Erfahrung und jede ist auf ihre Art charismatisch. Lange war Martin sehr zurückhaltend: Er sprach wenig und schloss sich der Meinung der Kolleginnen immer an. Bis zu dem Tag, als ein sehr junges Kind in seine Gruppe kam und er den besonderen Betreuungsaufwand mit Bravour meisterte. Dafür bekam er von allen Kolleginnen Anerkennung. Sie lobten ihn für sein Geschick bei der Integration des Neuzugangs und dafür, dass er während der stressigen Eingewöhnungsphase bewundernswert ruhig geblieben war. Von diesem Zeitpunkt an ist Martin wie ausgewechselt. Er ist fröhlicher, lockerer und es scheint, als begegne er seinen Kolleginnen zum ersten Mal auf gleicher Augenhöhe.

Analyse

Das Erfolgserlebnis war der Schlüssel, der für Martin die Tür zur Aufnahme als gleichwertiges Teammitglied geöffnet hat. Es gelang ihm dadurch, selbstbewusster zu werden, denn die Kolleginnen konnten ihm offenbar seinen Erfolg gut gönnen. Besonders erfreulich ist dabei die Wirkung, die Lob hat: Der Effekt wirkt lange nach.

Werden Sie oft genug von Ihren Kollegen gelobt? Loben Sie selbst? Was würde sich in Ihrem Team verändern, wenn mehr Anerkennung gegeben würde? Was kann Lob bewirken, wenn es von einem Menschen kommt, mit dem es in der Vergangenheit einen Konflikt gegeben hat? Was war das schönste Lob, das Sie in Ihrem Beruf bekommen haben?

Arbeitspsychologischer Hintergrund

Positive Verstärkung hat einen großen Einfluss auf das menschliche Verhalten. Es ist ein Grundbedürfnis aller Menschen, Anerkennung und Achtung ihrer Umwelt zu erfahren. Viele Verhaltensweisen haben ihren Ausgangspunkt in dem Bedürfnis nach Anerkennung (vom morgendlichen Schminken, über die Auswahl attraktiver Kleidung bis zum motivierten Arbeiten – die meisten Verhaltensweisen sind darauf ausgerichtet, Anerkennung zu bekommen).

Bleibt Lob aus, stellt sich Frustration ein. Anerkennung für erbrachte Leistungen ist eine wichtige Kraftquelle für zukünftige Aufgaben. Wertschätzung durch Arbeitskollegen kann darüber hinaus die Rolle der betreffenden Person im Teamgefüge verändern. Aus Kollegen, die sich bis dahin eher am Rande des Teamgeschehens bewegt haben, werden vollwertige Teammitglieder, wenn sie merken, dass die anderen sie anerkennen. Leider fällt vielen Menschen negative Kritik viel leichter als Lob. Im Sinne eines kollegialen Miteinanders sollten Teams auf ein ausgewogenes Verhältnis von positiver und negativer Kritik achten. Auch die Leitung braucht genauso viel Lob wie die Mitarbeiterinnen. Im Empfinden vieler Menschen besteht jedoch ein Unterschied, ob sie einen Kollegen loben oder ihren Vorgesetzten.

Interview ?!

A.H.: Frau Schneider, was gibt Ihnen als Leitung Kraft für anstrengende Aufgaben?

J. Schneider: Als Leitung repräsentiert man die Einrichtung nach außen und es ist nicht immer einfach, die Interessen des Teams zu wahren; besonders, wenn es um die Finanzen geht. Auch schwierige Elterngespräche können ganz schön Kraft kosten. Wenn ich dann meinem Team davon berichte und merke, dass die Kolleginnen meine Mühen anerkennen uns sich gut durch mich vertreten fühlen, gehe ich mit neuem Schwung zurück an die Arbeit.

A.H.: Herr Dreher, Sie haben Ihr Team vor einem knappen Jahr übernommen. Wie sieht das bei Ihnen aus?

P. Dreher: Anfangs ist man in vielen Punkten unsicher und wäre froh, positive Rückmeldung zu erhalten. Mein Team hat sich da das erste Vierteljahr sehr zurückgehalten. Unter der alten Leitung gab es mehr Tadel als Lob, die Mitarbeiter waren ein wertschätzendes Miteinander gar nicht mehr gewöhnt. Als wir im Rahmen eines Konzepttages das Thema Gesprächskultur bearbeitet haben, ist uns klar geworden, dass ein positiverer Umgang allen gut tun würde. Seitdem hat sich viel verändert.

Nicht immer haben Erzieherinnen und Erzieher das Gefühl, von den Eltern ausreichend Wertschätzung zu bekommen. Eine Inflation von Erwartungen und eine gewisse „Nörgellastigkeit" werden beklagt. Umso wichtiger ist es, die Gesprächskultur untereinander regelmäßig dahingehend zu überprüfen, ob in fairem Ausmaß gelobt wird. Ist dies nicht der Fall ist, darauf noch stärker achten. Ganz nach dem Motto: (Eigen-)Lob stinkt nicht, es beflügelt!

Checkliste

- **Positive Verstärkung nutzen:** Erwachsene reagieren genau wie Kinder viel intensiver auf Lob als auf Tadel.
- **Anerkennung spendet Kraft:** Die Energie, die bei der Erfüllung schwieriger Aufgaben verloren geht, kann durch Anerkennung zurückgewonnen werden.
- **Weiterentwicklung durch Lob fördern:** Gerade zurückhaltende und wenig erfahrene Teammitglieder profitieren von Wertschätzung durch die Kollegen.
- **Leitung nicht vergessen:** Auch Leitungen tut es gut, wenn ihr Team ihre Arbeit lobt.
- **Gesprächskultur überprüfen:** Wird genug gelobt? Ist dies nicht der Fall, stärker darauf achten!

- **Frustrationsrisiko senken, Motivation sichern:** Erfolgt auf besondere Anstrengung keine positive Rückmeldung, sinkt die Bereitschaft, sich in Zukunft weiter zu engagieren.
- **Nicht nur Außergewöhnliches loben:** Auch zuverlässig erbrachte Alltagsleistungen verdienen Anerkennung.

Schon wieder krank

Je kleiner das Team, desto stärker fallen Ausfälle wegen Krankheit ins Gewicht und werden zur Bealastung für die übrigen Teammitglieder. Da niemand gerne krank ist, überwiegt in der Regel das Mitgefühl der Kollegen, und die Aufgaben des kranken Teammitgliedes werden von den anderen gerne übernommen. Wenn allerdings Zweifel an der Ernsthaftigkeit der Erkrankung existieren und sich ein Teammitglied auffällig oft krankmeldet, regt sich irgendwann der Unmut.

Fallbeispiel

Das Team der Einrichtung ist klein. Vier Frauen arbeiten in zwei Gruppen. Nicht immer sind Praktikantinnen im Haus. Da beide Gruppen voll ausgelastet sind, gerät das empfindliche Gleichgewicht in der Einrichtung schnell ins Trudeln, wenn es zu Krankmeldungen kommt. Eine Kollegin ist auffällig häufig erkrankt. Mal leidet sie unter Kopfweh oder Übelkeit, dann wieder machen ihr Sportverletzungen zu schaffen. Nicht nur das gehäufte Auftreten ihrer Erkrankungen macht die Kollegen stutzig, sondern auch die Plötzlichkeit der Symptome. Bei einer gemeinsamen Radtour macht der Arm der Erzieherin keine Probleme, am nächsten Arbeitstag schmerzt diese ältere Verletzung so stark, dass sie nicht arbeiten kann. Sie legt immer Atteste vom Arzt vor, doch keine der Kolleginnen glaubt mehr an die Krankheiten und alle unterstellen ihr, sich auf Kosten der anderen vor der Arbeit zu drücken. Das Team ist frustriert.

Analyse

Wird einer tatsächlich erkrankten Kollegin unterstellt, sie simuliere nur, bedeutet dies eine massive Kränkung, die nachhaltig den Beziehungen im Team schaden würde. In einigen Fällen ist eine Belastung am Arbeitsplatz der Grund für eine Flucht in Krankheiten, die dann jeweils eine Erholung für die Betroffenen bedeutet. Auch Faulheit und eine wenig kollegiale Einstellung können in Einzelfällen die Ursache für auffällig häufige Krankmeldungen sein. Dieses Thema ist heikel, da es einerseits spekulativ ist (wie oft ist die Erzieherin tatsächlich krank?) und andererseits eine Belastung für den Rest des Teams darstellt.

Waren Sie schon einmal in der Rolle der Kollegin, der man unterstellt, nicht wirklich krank zu sein? Was könnte einen Simulanten davon abhalten, sich durch häufige Krankheiten Erleichterung zu verschaffen?

Arbeitspsychologischer Hintergrund

Die große Gefahr besteht in dem ungerechtfertigten Vorwurf des Simulierens. Es sei an dieser Stelle eindringlich davor gewarnt, vorschnelle Urteile darüber zu sprechen, ob und wann Kollegen krank sind. Der Hinweis auf psychosomatische Krankheiten ist in diesem Zusammenhang notwendig. Psychosomatisch erkrankte Personen sind tatsächlich krank, sie simulieren nicht. Ursprung ihrer Erkrankungen ist eine psychische Belastung, die nicht notwendigerweise mit der Situation am Arbeitsplatz zu tun haben muss, aber durchaus damit zu tun haben kann. Für die Leitung stellt sich hier die Frage, ob Entscheidungen im Bereich der Personalauswahl (der potenziell überlasteten Mitarbeiter) und der Teamzusammenstellung einer Überprüfung bedürfen.

Für Kollegen und Vorgesetzte ist es nicht oder nur sehr schwer zu beurteilen, wie krank eine Person tatsächlich ist. Sie sind keine Mediziner und können auch nicht vorschnell aufgrund der augenscheinlichen Verfassung urteilen. Natürlich gibt es Personen, die tatsächlich simulieren. Liegt der Grund darin, dass sie am Arbeitsplatz unglücklich sind und die Krankheit als Möglichkeit der Entlastung gebrauchen, ist dies ein Zeichen dafür, dass etwas im Team nicht stimmt. Bevor also die häufig erkrankte Kollegin stigmatisiert wird, wird sich das Gesamtteam kritisch fragen, ob die Ursache in der Art der Zusammenarbeit liegt.

Es gilt, das schwierige Gleichgewicht zwischen dem Schutz des Einzelnen vor der Unterstellung des Simulierens und dem Schutz des Restteams vor unkollegialem Verhalten zu wahren. In Härtefällen bieten sich Mitarbeitergespräche an. In diesen kann der Mitarbeiter gefragt werden, ob ihm klar ist, dass seine Krankmeldungen weit über dem Durchschnitt liegen, und welche Konsequenzen sich seiner Meinung nach dadurch für die Kollegen ergeben. Dieses Vorgehen übt jedoch einen gewissen Druck aus und sollte nur angewendet werden, wenn die Leitung sich sehr sicher ist, dass Faulheit die Ursache ist.

Checkliste

- **Keine vorschnellen Diagnosen stellen:** Kollegen des Simulierens zu bezichtigen ist Gift für die kollegialen Beziehungen.
- **Ursachen überdenken und bearbeiten:** Häufige Krankmeldungen können eine Flucht vor einer Arbeit sein, die eine Überforderung darstellt, oder eine Reaktion auf ein Unwohl-Fühlen im Team.
- **Mitarbeitergespräche führen**
- **Gespräche unter Kollegen führen:** Ein faires Gespräch ohne Vorwürfe, aber mit einer klaren Schilderung der Konsequenzen für das Team kann hilfreich sein.
- **Vor Selbstausbeutung schützen:** Auch das Gegenteil von Faulheit ist keine Tugend.
- **Verhaltensweisen hinnehmen:** Auch wenn es schwer fällt! Wo Menschen in Gruppen leben und arbeiten, muss in bestimmtem Ausmaß ihr Fehlverhalten ertragen werden.

Wer setzt sich hier durch?

Erwähnt man in Kindertageseinrichtungen das Wort „Macht", hat man fast den Eindruck, ein Schimpfwort benutzt zu haben. Machtstreben gleicht einem Tabu. Werte wie Kollegialität und partnerschaftlicher Umgang auf gleicher Augenhöhe spielen eine so große Rolle, dass dieser Begriff verpönt ist. Näher betrachtet, handelt es sich bei Macht jedoch um Einfluss: Je größer der Einfluss einer Person auf das Verhalten einer anderen, desto größer ist ihre Macht. Auch in Teams von Kindertageseinrichtungen gibt es Menschen mit unterschiedlich großem Einfluss. Durch ihre Rolle hat die Leitung per se einen größeren Einfluss als die anderen Mitarbeiter; dies ist jedoch nicht immer in der Praxis der Fall. In vielen Teams setzt sich derjenige durch, der am konfliktbereitesten ist.

Fallbeispiel

Viola ist im Team der Elterninitiative von Anfang an dabei. Sie war nie Leitung, außer kommissarisch in den sechs Monaten, bevor dann die neue Kraft das Team übernahm. Oft beteuert sie, dass sie nie Leitung sein wolle. Viola ist deutlich älter als der Rest des Teams und etwa im selben Alter wie die Leitung. Sie spricht mit lauter Stimme und ist eine fröhliche, dominante Persönlichkeit. Ihre Kollegen finden es schwer, ihr zu widersprechen. Nicht immer teilen sie Violas Meinung, sagen aber im Zweifelsfall lieber gar nichts. Wenn die Leitung und Viola während einer Diskussion aneinander geraten, ziehen die Kollegen den Kopf ein und sind froh, dass sie nicht in der Position der „Chefin" sind. Im Stadtteil ist Viola mit vielen Eltern bekannt. Auch mit den Kindern kommt sie gut zurecht.

Analyse

Viola hat eine hohe inoffizielle Macht, einen großen Einfluss im Team. Inoffiziell deshalb, weil sie nicht, wie die Einrichtungsleitung, durch ihre berufliche Rolle eine hervorgehobene Position besitzt. In allen Teams gibt es dominantere und weniger dominante Persönlichkeiten. Schwierig wird die Situation, wenn sich keiner im Team traut, der dominanten Persönlichkeit entgegenzustellen. Dies mag zum einen Furcht vor dem Konflikt sein, zum anderen könnte sich aber auch im Laufe der Zeit eine bestimmte Kultur der Auseinandersetzung – besser gesagt: Nichtauseinandersetzung – eingeschlichen haben.

In welcher Rolle finden Sie sich wieder? Sind Sie eher Viola oder eines der zurückhaltenden Teammitglieder, oder gibt es bei Ihnen eine ganz andere Gesprächs- und Diskussionskultur? Worin liegt in Ihren Augen der Nachteil der geschilderten Situation? Was würden Sie unternehmen, wenn es sich um Ihr eigenes Team handeln würde?

Arbeitspsychologischer Hintergrund

Hier hat bereits eine Eskalation stattgefunden. Je dominanter Viola auftrat, desto stärker zog sich das Team zurück. Nun ist es soweit, dass Viola sich selbst dann durchsetzt, wenn es die Kollegen für falsch halten. Dies tut weder der Einrichtung noch dem Team gut. Es wäre jedoch falsch, die komplette Schuld dafür Viola zu geben. Jedes einzelne Teammitglied trägt einen Teil der Verantwortung am Geschehen. Und das Team in diesem Fallbeispiel übernimmt keinerlei Verantwortung mehr für die Entscheidungen, die getroffen werden.

Die Leitung muss immer wieder mit Viola um bestimmte Themen ringen – dies kostet sie und auch den Rest des Teams unnötig Zeit und Kraft. Doch die Mitarbeiter lassen dies zu. Warum? Menschen verhalten sich auf diese Weise, wenn sie sich von dem Resultat einen Vorteil versprechen. In diesem Fall könnte das Team von einer Schwächung der Leitung profitieren, weil es dann leichter ist, sich gegen sie durchzusetzen. Allerdings wird es im Gegenzug stets schwieriger, Viola zu widersprechen. Das Team gewinnt also nicht wirklich an Nutzen. Violas (über)großer Einfluss ist kein Thema, das offen besprochen wird. Viele Teams haben bestimmte Punkte – in der Regel sind dies Dinge, die das Miteinander betreffen –, die aus Angst vor Konflikten vermieden werden. Solche Prozesse verlaufen schleichend, mit der Zeit wird es aber immer komplizierter noch etwas zu verändern.

Entscheidend ist hier eine Einstellungsänderung auf Seiten des Teams. Es muss sich klarmachen, dass es Viola nicht schutzlos ausgeliefert ist, sondern sich hier erwachsene Menschen auf gleicher Augenhöhe in ihrer beruflichen Rolle begegnen. Die Kollegen können sich gegenseitig unterstützen und die Leitung wird in allen Teamentscheidungen insbesondere die Einstellung der anderen Mitarbeiter abfragen – wenn möglich, bevor Viola ihre Position zum Ausdruck bringt. Hilfreich kann hier die Moderationsmethode sein, die Entscheidungsprozesse möglichst demokratisch gestaltet.

Checkliste

- **Tabuthemen nicht zulassen:** Es tut Teams nicht gut, wenn bestimmte Themen nicht besprochen werden können.
- **Vermittler nutzen:** Ist ein Thema zu angstbesetzt, kann ein Supervisor eine vermittelnde Rolle übernehmen und den Weg ebnen.
- **Verantwortung übernehmen:** Auch angesichts von dominanteren Personen die eigene Verantwortung für das Teamgeschehen übernehmen.
- **Sich gegenseitig stärken:** Unsichere Kollegen können sich gegenseitig im Gespräch unterstützen, um sich so gegen einflussreichere Personen durchzusetzen.
- **Schwächung der Leitung vermeiden:** Eine schwache Leitung nutzt auf Dauer niemandem. Keine Machtverteilungskämpfe in Teamsitzungen durch Nichtreagieren zulassen.
- **Die beste Idee gewinnt:** Nicht die Vorschläge der lautesten Fürsprecher obsiegen lassen.
- **Mut zeigen:** Wenn sich das Team verändert, kann die einflussreiche Kollegin nicht unverändert bleiben; so ist der negative Kreislauf zu durchbrechen.

Die Einrichtung – das Baby der Leitung?

Fallbeispiel

Frau W. hat gegen viele Widerstände von Seiten der Stadt die Einrichtung aufgebaut. Am Anfang stand sie selbst auf der Leiter und hat mit den Eltern die Räume nutzbar gemacht, dann über viele Jahre für den Fortbestand der Elterninitiative gekämpft. Nun blickt sie mit Stolz auf das zehnjährige Jubiläum. Sie sagt: „Diese Kita ist mein Baby." Veränderungswünsche von Seiten des Teams oder der Eltern kann sie nur schwer annehmen. Bei der Personalauswahl achtet sie genau darauf, dass die neuen Mitarbeiter nicht zu viel Unruhe in die Einrichtung bringen werden.

Analyse

Die Leitung hat viel geleistet und das Gefühl, untrennbar mit ihrer Einrichtung verbunden zu sein. Hohe Identifikation mit der eigenen Arbeit steigert Motivation und Arbeitsfreude. Je mehr Schwierigkeiten zu überwinden sind und je größer der persönliche Einsatz, desto wichtiger erscheint das, was geschaffen wurde. Zum Nachteil wird die hohe Identifikation mit der eigenen Einrichtung, wenn die Arbeit zu einem Ersatz für andere Dinge wird. Begriffe wie „Baby", „Leben" und „Familie" sind grundlegend andere Dinge als der Arbeitsplatz.

Wenn Sie selber Leitung sind: Was stellt Ihre Einrichtung für Sie dar? Wenn Sie Mitarbeiterin sind: Wie weit tut Identifikation mit der Einrichtung dem Team gut? Wo sollten Grenzen liegen?

Arbeitspsychologischer Hintergrund

Jede Leitung sollte sich in ausreichendem Maße mit ihrer Einrichtung identifizieren – sonst leidet die Arbeit. Wird die Bedeutung der Einrichtung allerdings übergroß, geht ein Teil der notwendigen Gelassenheit und professionellen Distanz verloren. Veränderungswünsche der Eltern kommen negativer Kritik gleich und orientiert sich die Personalauswahl hauptsächlich daran, möglichst wenig neue Impulse in die Einrichtung zu holen, besteht die Gefahr, den Anschluss an pädagogische Entwicklungen und gesellschaftliche Anforderungen zu verpassen. Wird die Einrichtung zum Ersatz für Dinge, die im Leben der Mitarbeiter fehlen, geht Professionalität verloren. Das Miteinander im Team verändert sich und Empfindlichkeiten nehmen zu. Warnhinweise sind eine übermäßige Beschäftigung mit arbeitsrelevanten Themen in der Freizeit, dienstliche Telefonate außerhalb der Arbeitszeiten und der Verlust der Gelassenheit, wenn manches im Beruf nicht ganz glatt läuft. Ohne ausreichende Distanz verändert sich die Wahrnehmung und mit ihr die Beurteilung von Situationen. Ist das zentrale Lebensthema die Arbeit, wird der berufliche Erfolg zum Gradmesser der persönlichen Akzeptanz durch die Mitmenschen. Der Ausgleich fehlt, ein Ausbrennen droht.

Während Phasen starker Arbeitsbelastung ist es normal, dass sich Kraft und Aufmerksamkeit auf den Beruf konzentrieren; ist diese Zeit vorbei, ist es ratsam (und gesund!) den Fokus wieder weiter zu spannen. Was ist zu tun, wenn der Eindruck entsteht, dass die Arbeit im Leben übergewichtig geworden ist?

- Die Freizeit nicht mit Grübeln oder Gesprächen über die Arbeit verbringen
- Sich Beschäftigungen suchen, die nichts mit dem Beruf zu tun haben
- Für Interessen außerhalb des Berufes sorgen, die Erfüllung und Freude bringen
- Neue Dinge ausprobieren, neue Menschen treffen, fremde Orte besuchen.

Checkliste

- **Achtsam sein:** In einer Phase hoher Arbeitsbelastung ist es natürlich, wenn die Konzentration auf den Beruf vieles verdrängt; zum Dauerzustand sollte dies nicht werden.
- **Arbeit nicht als Ersatz gebrauchen:** Die Einrichtung kann nicht als Augleich für unbefriedigte Lebensbereiche dienen.
- **Freizeit einplanen:** Beschäftigung mit Arbeitsthemen in der Freizeit nur in Ausnahmefällen.
- **Veränderungen zulassen**
- **Gelassenheit sichern:** Überprüfen, ob noch ausreichende professionelle Distanz zur Einrichtung besteht.
- **Für Ausgleich sorgen:** Das Leben noch mit anderen Unternehmungen als ausschließlich den beruflichen Interessen ausfüllen. Neue Dinge unternehmen.
- **Kollegiale Unterstützung nutzen:** Thema im Kollegenkreis ansprechen und sich gegenseitig auf zu starke Ausrichtung auf die Arbeit hinweisen.

Das hast du mir gar nicht gesagt!

Was einem selbstverständlich erscheint, ist nicht notwendigerweise auch den Kollegen klar. Jeder Mensch hält seine Sicht der Dinge für die einzig wahre. Darüber wird leicht vergessen, dass Kollegen aufgrund ihrer Persönlichkeit und ihrer unterschiedlichen Erfahrung auch recht verschieden auf bestimmte Situationen reagieren. Wer seine Erwartungen nicht klar äußert, kann leicht eine Überraschung erleben.

Interview ?¿!

A.H.: Hinter Ihnen liegt eine konfliktreiche Phase. Wie war es dazu gekommen?

Sandra (Leitung): Thea und ich arbeiten beide schon viele Jahre als Erzieherinnen. Wir haben hohe Ansprüche an unsere Arbeit und sind sehr motiviert. Als letztes Jahr Vanessa neu dazu kam, waren wir des Öfteren irritiert, weil wir den Eindruck hatten, ihr fehle der Arbeitseifer.

Vanessa: Damit haben die beiden mich dann auch konfrontiert. Das hat mich sehr verletzt. Ich habe mich oft gehemmt gefühlt, weil ich noch unsicher war und auch nicht grade viel Lob bekommen habe. Und dann wird mir Faulheit unterstellt.

Thea: Na ja, wir haben dich eben häufig herumsitzen sehen, während wir bestimmte Projekte begleitet haben.

Vanessa: Das Problem war einfach, dass wir nicht miteinander gesprochen haben. Ich habe meine Unsicherheiten nicht erwähnt und ihr habt mir eure Erwartungen nicht klar genug mitgeteilt.

Sandra: Wir wurden immer gereizter und Vanessa immer empfindlicher. Doch sobald wir in der Teamsupervision die Dinge besprochen hatten, ging es bergauf und nun sind alle zufriedener.

Analyse

Die beiden erfahrenen Kolleginnen haben von ihren eigenen Einstellungen und ihrem Arbeitsverhalten darauf geschlossen, wie ein neues Teammitglied arbeiten soll. Diese Erwartungen wurden jedoch nicht zum Ausdruck gebracht. Für den Neuzugang war es so schwer, sich erwartungsgemäß zu verhalten, gerade weil sie als Berufsanfängerin mit deutlich größeren Unsicherheiten zu kämpfen hatte und deswegen zuerst einmal eine passive Rolle einnahm.

Wie offen werden in Ihrem Team Erwartungen ausgesprochen? Wie leicht fällt es Ihnen persönlich, Erwartungen zu äußern? Was bedeutet ein offener Umgang mit Erwartungen für die Gesprächskultur im Team?

Arbeitspsychologischer Hintergrund

Oft hegen Menschen Erwartungen, ohne dass ihnen bewusst ist, dass diese Vorstellungen ihrer Umwelt nicht klar sind. Werden diese Erwartungen dann nicht erfüllt, reagieren sie enttäuscht, frustriert oder mit Unverständnis. Dieses Verhalten kann die kollegialen Beziehungen belasten und zu Konflikten führen. Nur wer klar sagt, was er erwartet, kann davon ausgehen, dass die Kollegen wissen, was gewünscht wird. Je unterschiedlicher Kollegen sind (Alter, Erfahrung, Vorlieben, Persönlichkeit), desto weniger können sie davon ausgehen, dass der andere genauso „tickt" wie sie. Selbstunsichere Personen tun sich oft schwer damit, ihre Erwartungen zu äußern; das verhindert aber nicht, dass sie irritiert reagieren, wenn ihre Vorstellungen nicht erfüllt werden. Hier gilt es, seinen Teil der Verantwortung für ein gutes Miteinander zu leisten und über den eigenen Schatten zu springen.

Neben dieser Bringschuld besteht auch eine Holschuld: wenn Kollegen bemerken, dass sie Informationsdefizite haben. Aus Scheu, diese Unsicherheiten zuzugeben, bleiben sie unerwähnt und Missverständnisse nehmen ihren Lauf. Eine tragfähige Teamkultur macht es allen Teammitgliedern leicht, sowohl Erwartungen zum Ausdruck zu bringen als auch Unsicherheiten einzuräumen. Im Rahmen der Teambesprechungen können das Thema Offenheit und Vertrauen angesprochen und Vereinbarungen getroffen werden, die einen angstfreien Austausch ermöglichen. Daher: „Teamtime" – Zeit für zwischenmenschliche Themen – reservieren. Die kürzeste Verbindung zwischen zwei Menschen ist das Wort. Weiß der Kollege, wie sich eine Situation für sein Gegenüber darstellt, kann er entsprechend reagieren und ist nicht auf Mutmaßungen angewiesen.

Checkliste

- **Nicht von sich auf andere schließen:** Menschen sind zu unterschiedlich. Viel weniger ist selbstverständlich als angenommen.
- **Unterschiedlichkeit schätzen:** Gerade die Tatsache, dass unterschiedliche Personen zusammen arbeiten, macht Teams erfolgreich.
- **Erwartungen aussprechen:** Nur dann kann das Gegenüber die Vorstellungen auch kennen und ist nicht auf Mutmaßungen angewiesen.
- **Stellung nehmen:** Unter Kollegen ist es wichtig, Stellung zu beziehen – auch wenn nicht klar ist, ob alle zustimmen werden.
- **Unsicherheiten zugeben:** Informationsdefizite und Unsicherheiten mitteilen; diese Informationen haben Einfluss auf die Erwartungshaltung.
- **Kultur des Austausches sicherstellen:** Zeit und Raum reservieren, um die kollegialen Beziehungen zu pflegen und Dinge zu klären.
- **Lieber einmal mehr kommunizieren:** Statt zu mutmaßen, lieber fragen, statt gemeinsame Sichtweisen anzunehmen, lieber von der eigenen Sicht der Dinge sprechen.

Der kleine Unterschied – Männer im Team

Kindertageseinrichtungen sind eine Welt der Frauen. Im Jahr 2005 kamen beispielsweise in Düsseldorf elf Erzieher auf 914 Erzieherinnen in den städtischen Kindertageseinrichtungen. In den meisten Teams, zu denen ein Mann gehört, ist er allein unter Frauen. Der Einfluss des Faktors Geschlecht auf die Teamzusammensetzung hat Konsequenzen für die Gesprächskultur im Team.

Fallbeispiel

Die Leitung und ihre dienstälteste Mitarbeiterin arbeiten beide schon über zehn Jahre in der Einrichtung zusammen. Vor zwei Jahren kam eine jüngere Frau dazu und vor einem halben Jahr ein Mann. Bodo ist Quereinsteiger, hat lange Jahre in einem ganz anderen Bereich gearbeitet und dann seine Ausbildung zum Erzieher gemacht. In der Supervision beklagen sich die drei weiblichen Teammitglieder, dass er so wenig von sich und seinen Gefühlen preisgibt. Sie kritisieren, dass er nicht über seine Unsicherheiten spricht, die er als Berufseinsteiger sicher haben müsste. Bodo hingegen versichert, nichts verbergen zu wollen und hat nicht das Gefühl, zu wenig zu erzählen. In den Teamsitzungen sprächen seine Kolleginnen so viel, dass er interessiert zuhöre und gar nicht den Eindruck habe, ergänzende Beiträge machen zu müssen.

Analyse

Die Kolleginnen erwarten, dass sich Bodo wie eine Frau verhält. Sie rechnen mit höheren Gesprächsanteilen und einer großen Offenheit auch in Bezug auf Unsicherheiten. Männer und Frauen werden in unserer Gesellschaft unterschiedlich erzogen (sozialisiert). Mädchen lernen, die Beziehungsebene erfolgreich zu pflegen und werden daran gemessen, wie gut der Kontakt zu den Mitmenschen funktioniert. Ihr wirkungsvollstes Werkzeug ist das Wort, sie klären viele Dinge im Gespräch. Jungen werden für Leistung belohnt und lernen Unsicherheiten und Zweifel zu verbergen. Männer haben viel stärker den Anspruch an sich, die Anforderungen des Lebens alleine zu bewältigen.

Wie sollte das Team mit den unterschiedlichen Wahrnehmungen umgehen? Welche Vorteile erwarten Sie persönlich von gemischtgeschlechtlichen Teams? Wären diese möglichen

Pluspunkte auch in einem reinen Frauenteam zu erreichen – über eine Veränderung der Teamkultur?

Arbeitspsychologischer Hintergrund

Gemischtgeschlechtliche Teams sind meist sehr froh über die Tatsache, dass der männliche Einfluss die Dynamik eines reinen Frauenteams etwas abbremst. Das Argument einer stärkeren Sachlichkeit wird hier immer wieder angeführt. Ob dies wirklich der Fall ist, oder es sich bei dieser Begründung lediglich um eine Erwartung handelt, die unseren gesellschaftlichen Vorstellungen von „männlichem" Verhalten entspricht, ist von Person zu Person unterschiedlich. Im Falle von nur einem Mann in einem ansonsten reinen Frauenteam kann es sein, dass alle Aspekte der Sachlichkeit und der gelassenen Reaktion in Konflikten auf diesen Mitarbeiter projiziert werden. Aufgrund seines Geschlechtes werden entsprechende Verhaltensweisen von ihm erwartet bzw. wird seinem Verhalten diese Qualität zugeschrieben. Andererseits, wie im Fallbeispiel von Bodo, kann ein gewisser Druck zur Anpassung an eher weibliche Verhaltensmuster erfolgen.

Statt eine völlige Anpassung an weibliches Verhalten zu fordern oder alle eher als männlich assoziierten Verhaltensweisen dem männlichen Teammitglied zuzuschreiben, ist es empfehlenswert, relativ gelassen mit dem Thema umzugehen und den Kollegen so zu nehmen wie er ist. Auf natürlichem Wege wird sich dann der Einfluss seines Geschlechtes – je nach Persönlichkeit und Situation – einmal mehr oder weniger stark zeigen. Auf jeden Fall wünschenswert sind männliche Mitarbeiter als Rollenvorbild für die Jungen in den Kindertageseinrichtungen. Die Jungen sind ansonsten primär von Frauen umgeben und es fehlt ihnen an Modellen für männliches Verhalten. Besonders wertvoll wird dieses Modelllernen dadurch, dass Männer im sozialen Bereich häufiger ein breiteres Verhaltensspektrum zeigen als andere Männer, da es für sie weniger schwer ist, auch weiche Seiten zu zeigen. Dies ermöglicht den Jungen die Übernahme eines Männerbildes, das über den harten Macho, der in den Medien kolportiert wird, hinausgeht.

Checkliste

- **Mischen erwünscht:** Eine stärkere Durchmischung der Teams anstreben; auch aus Gründen der Orientierungsmöglichkeit für die Jungen in den Einrichtungen.
- **Vorurteile vermeiden:** Nicht jeder Mann ist technisch begabt und im Konfliktfall sachlich oder im Gespräch distanziert.
- **Anpassungsdruck reduzieren:** Von einem Mann kein Verhalten erwarten, dass seine Sozialisation ihm erschwert.
- **Frauen nicht unterschätzen:** Auch weibliche Mitarbeiterinnen denken sachlich und sind technisch versiert.
- **Männer nicht überfordern:** Ein einzelnes Teammitglied kann nicht die gesamte Verantwortung für bestimmte Themen (Sachlichkeit, Konfliktlösung, technische Aspekte) alleine tragen.

Kollegin in der Krise

Fallbeispiel

Maria wohnt mit ihrer Familie in dem Stadtteil, in dem auch die Einrichtung liegt, in der sie als Erzieherin arbeitet. Man kennt sich aus der Schule, aus Vereinen oder als Nachbarn. Am Montag sind die Kollegen von Maria verwirrt und sprachlos, denn am Wochenende hatte sich etwas Schlimmes ereignet. Marias Mann war in die Psychiatrie eingewiesen worden. Diagnose: Schizophrenie. Dies war dem Team von Eltern erzählt worden, die am Wochenende den Vorfall miterlebt hatten. Zuvor hatte keiner aus dem Team gewusst, dass es Marias Mann nicht gut geht. Sie hatte nie etwas erzählt. Maria hat sich für den Rest der Woche beurlauben lassen. Die Kolleginnen wissen nicht, was sie sagen sollen, wenn Maria zurückkommt.

Analyse

Das Thema der psychischen Erkrankungen ist für die meisten Menschen gleichermaßen fremd wie angstbesetzt. Wie Suchterkrankungen oder auch der Tod werden psychische Krankheiten tabuisiert. Daher verfügen viele Menschen nicht über Erfahrungen, wie sie mit dem Thema umgehen können. Dennoch ist es erforderlich, einen Weg zu finden, da es nicht angemessen wäre, bei der Rückkehr von Maria so zu tun als wäre nichts geschehen.

Bei welchen Themen fühlen Sie sich sprachlos? Was würden Sie in solchen Situationen Ihrem Gegenüber gerne mitteilen? Welches Verhalten würden Sie Marias Kolleginnen empfehlen, wenn sie an den Arbeitsplatz zurückkehrt?

Arbeitspsychologischer Hintergrund

Wer beruflich mit Menschen zu tun hat, ist auch mit deren Schicksalsschlägen konfrontiert. Ob es sich bei den Betroffenen um Eltern oder Teammitglieder handelt ist hier zweitrangig. Die erste Frage lautet: Wann kann das Thema angesprochen werden? Ein Kommentar ist immer dann erforderlich, wenn die betroffene Person ihre Krisensituation von sich aus erwähnt oder weiß, dass man selber darüber informiert ist, was vorgefallen ist. Ist das Thema nur durch Klatsch oder über Dritte bekannt geworden, empfiehlt es sich, die Sache von sich aus nicht anzusprechen.

Im Fall von Maria wäre es nicht angemessen, die Situation zu ignorieren, weil alle Beteiligten wissen, was passiert ist. Eine psychische Krankheit ist keine Schande, die es totzuschweigen gilt. Die Kolleginnen könnten Maria sagen, wie schön es ist, dass sie wieder da ist und es ihnen Leid tut, dass es Marias Mann nicht gut geht. Darüber hinaus können sie Gesprächsbereitschaft signalisieren, wenn Maria darüber reden möchte.

Es gibt in allen Bereichen Fachleute, die sich mit schwierigen Lebensthemen auskennen. Wird das Thema für ein Team relevant, so lassen sich bei den jeweiligen Beratungsstellen Informationen anfordern, die einen adäquaten Umgang mit dem Thema erleichtern (→ Internet- und Kontaktadressen im Anhang). Das richtige Maß an Teilnahme zu finden ist nicht immer einfach. Dem anderen geht es nicht um möglichst elegante Ansprache, sondern um menschliche Anteilnahme. Vorsichtiges und rücksichtsvolles Ansprechen des jeweiligen Themas, der Ausdruck von Anteilnahme und (wenn angemessen) das Angebot von Gesprächsbereitschaft reichen völlig aus. Auch der Umgang mit menschlichen Krisensituationen zählt zu den Themen, die leichter zu bewältigen sind, je größer die Lebens- und Arbeitserfahrung ist.

Checkliste

- **Den richtigen Zeitpunkt finden:** Die Krisensituation ansprechen, wenn der Betroffene selbst das Thema aufgreift oder die Sachlage allgemein bekannt ist.
- **Sich zurücknehmen:** Das Problem nicht ansprechen, wenn es nur über Dritte bekannt gemacht worden ist und der Betroffene das Gespräch nicht sucht.
- **Informationen sammeln:** Bei Unsicherheit über die richtige Umgangsweise Informationen bei Beratungsstellen einholen.
- **Experten einladen:** Ist das Team direkt betroffen, kann es sinnvoll sein, einen Experten in die Einrichtung einzuladen und sich beraten zu lassen.
- **Anteil nehmen:** Mitgefühl ausdrücken und Gesprächsbereitschaft signalisieren.
- **Nachsichtig sein:** Menschen in besonderen Belastungssituationen sind manchmal schwierig im Umgang.

Ein Team, das Mut macht

Interview ?!

A.H.: Sie sind als Team gemeinsam durch Höhen und Tiefen gegangen. Was hat Ihnen geholfen, auch in schwierigen Zeiten gut miteinander zu arbeiten? Welchen Tipp können sie an Ihre Fachkollegen weitergeben?

Sascha M.: Bloß nicht zu lange warten, wenn man sich über eine Sache geärgert hat. Je früher Dinge besprochen werden, desto weniger dramatisch werden sie.

Verena P.: Sascha hat Recht. Dazu gehört es, sich aufzuraffen und das Gespräch zu führen, auch wenn es einfacher ist, sich bei einer anderen Kollegin hinter dem Rücken der Betroffenen zu beklagen. Das ändert aber nichts. Wir haben wirklich gute Erfahrungen damit gemacht, frühzeitig Dinge anzusprechen. Mein Tipp wäre außerdem, sich nicht so schnell aufzuregen. Man arbeitet zusammen und da ist es nicht nötig, die besten Freunde füreinander sein zu wollen. Hauptsache die Zusammenarbeit funktioniert. Ansonsten ist es gut, die Kollegen auch mal sein zu lassen, wie sie sind.

Petra U.: Mir hilft es immer sehr, mir klarzumachen, dass wir gute Arbeit leisten und alle ein fundiertes Fachwissen haben. Wenn Kritik kommt, kann man sie besser ertragen, wenn das Selbstbewusstsein stimmt. Das hat nichts mit Hochnäsigkeit zu tun, sondern mit einem realistischen Selbstbild. Man sollte seine Schwächen kennen, aber eben auch seine Stärken. Früher haben wir uns sofort verunsichern lassen, wenn jemand unsere Arbeit in Frage gestellt hat. Wir haben uns angegriffen gefühlt und waren dadurch im Gespräch leicht aus der Ruhe zu bringen. Seit wir uns stärker unserer Fachlichkeit bewusst sind, sind wir viel gelassener. Und wenn ein anderer einmal aus der Ruhe gerät, können wir denjenigen gut wieder auf den Teppich holen. Da unterstützen wir uns gegenseitig.

Gabi P.: Stimmt! Da konnten wir alle noch eine Menge lernen. Bloß keine falsche Bescheidenheit. Auf der anderen Seite finde ich es auch wichtig, Fehler einzugestehen. Auch dabei hilft ein gutes Selbstbewusstsein. Wer weiß, was er alles gut macht, kann auch eher damit leben, wenn einmal etwas nicht gut war. Fehler zuzugeben ist wichtig, egal ob es um Fehler im Gespräch mit Eltern oder um Fehler im Umgang mit Kollegen geht.

Erwin N. (Leitung): Wenn ich als Leitung etwas dazu sagen darf, dann möchte ich betonen, wie wichtig es für Teams ist, sich nicht gegenseitig hochzuschaukeln. Den Fehler haben wir früher oft gemacht. Kam Kritik von außen, sind wir in Hektik verfallen; wir wollten unbedingt beweisen, dass unsere Arbeit gut ist. Vor lauter Eifer haben wir uns dann völlig überlastet. Mein Motto ist seitdem: In der Ruhe liegt die Kraft! Damit fahren wir viel besser.

Anja B.: Wenn man sich klarmacht, was man schon alles gemeinsam geschafft hat, gibt das ein gutes Teamgefühl. Ich würde allen Teams raten, einmal aufzulisten, was sie schon geleistet haben. Sowohl fachlich, als auch in Bezug auf zwischenmenschliche Dinge. Außerdem möchte ich gerne anderen Erzieherinnen Mut machen, schwierige Punkte anzusprechen. Man fühlt sich danach wie befreit und dem ganzen Team geht es besser. Das ist zwar zwischenzeitlich ganz schön anstrengend, aber lieber eine vorübergehende Anstrengung als ein Schrecken ohne Ende.

Sascha M.: Das finde ich auch ganz wichtig. Wir hatten wirklich schon heftige Konflikte, aber wenn alle wollen, findet sich immer eine gute Lösung. Also ran an das Thema und nicht ewig aufschieben. Umso früher ist die Sache dann auch vorbei!

Anja B.: Und sich dann belohnen mit einer schönen Aktion.

Gabi P.: Ja, das ist wichtig!

Erwin N.: Genau! Erfolge feiern, mal innehalten und sich loben, das tut Teams gut!

Literaturtipps

Adam Cash: Psychologie für Dummies. Mitp-Verlag, Landsberg 2005

Stefan Czypionka: Umgang mit schwierigen Partnern. Ueberreuter 2005

Allen Elkin: Stress für Dummies. Mitp-Verlag, Landsberg 2005

Anne Huth: Führungskultur. Beltz, Weinheim/Basel 2005

Anne Huth: Gesprächskultur mit Eltern. Beltz, Weinheim/Basel 2006

Karin Kleber u.a.: Moderations-Methode. Windmühle, 2002

Eva-Maria Leupold: Handbuch der Gesprächsführung. Herder, Freiburg 1995

Friedemann Schulz von Thun: Miteinander Reden, Bd.1 und 2. Rowohlt Taschenbuch Verlag, Reinbek bei Hamburg 1981

Lothar J. Seiwert: Das 1 × 1 des Zeitmanagements. mgv Verlag

Christoph Thomann: Klärungshilfe Konflikte im Beruf. Rowohlt, Reinbek bei Hamburg 2003

Franz Will: Was bremst mein Team? Beltz, Weinheim/Basel 2002

Internettipps

Deutsche Hauptstelle für Suchtfragen e.V.: Substanzbezogene Störungen am Arbeitsplatz. www: dhs.de

Gemeinschaftsinitiative Gesünder Arbeiten e.V.: Info und Publikationen unter: www.gesuenderarbeiten.de

Supervisoren in der Nähe: www.supervisorenportal.de. Bei den jeweiligen Trägern existieren häufig Listen von Supervisoren, die anerkannt werden.

Bundesverband der Angehörigen psychisch Kranker (BapK) e.V. (auch für Kollegen): www.kompetenznetz-depression.de

Grundsätzlich lohnt es sich, in eine der Suchmaschinen im Internet die Begriffe „Team“, „Teamarbeit“ oder „Konfliktmanagement“ einzugeben. Dabei kritisch darauf achten, dass es sich um renommierte Anbieter wie die Wohlfahrtsverbände, Organisationen des Landes/Bundes handelt – oder, wenn es um kleinere Anbieter geht, deren Qualifikation genau prüfen (lassen).